Gustav H. Dalman

Studien zur biblischen Theologie

Gustav H. Dalman

Studien zur biblischen Theologie

Der Gottesname Adonaj und seine Geschichte

Fromm Verlag

Imprint

Bibliographic information published by the Deutsche Nationalbibliothek: The Deutsche Nationalbibliothek lists this publication in the Deutsche Nationalbibliografie; detailed bibliographic data are available in the Internet at http://dnb.d-nb.de.

This is a collection of documents. Some documents of this collection are extracted from Wikipedia, the free encyclopedia (www.wikipedia.org).

You can get detailed informations about the authors of this collection of articles at the end of this book. The editors (Ed.) of this book are no authors. They have not modified or extended the original texts.

Publisher:
Fromm Verlag is an imprint of the publishing house
VDM Publishing House Ltd.,17 Rue Meldrum, Beau Bassin,1713-01 Mauritius
Website: www.frommverlag.de
Email: info@frommverlag.de

Published in 2011

Printed in: U.S.A., U.K., Germany. This book was not produced in Mauritius.

ISBN: 978-3-8416-0034-9

STUDIEN

ZUR

BIBLISCHEN THEOLOGIE.

DER GOTTESNAME ADONAJ

UND SEINE GESCHICHTE

VON

GUSTAF H. DALMAN,

DOCTOR DER PHILOSOPHIE, LICENTIAT DER THEOLOGIE.

MEINEM TEUREN BRUDER

KARL

IN LEH IM TIBETISCHEN HIMALAYA

ALS ZEICHEN

NIE ERLOSCHENER GEMEINSAMKEIT DES GLAUBENS

UND DER STUDIEN.

DER VERFASSER.

VORWORT.

Mit einigem Widerstreben übergebe ich diese Studie der Öffentlichkeit. Ich kann nicht erwarten, dass mein an verschiedenen Punkten gegen alte Tradition erhobener Widerspruch bei allen Anerkennung finde. Doch, denke ich, wird zugegeben werden, dass es notwendig war, die herkömmliche Darstellung von der Bedeutung und Geschichte dieser neben Jahve wichtigsten alttestamentlichen Gottesbezeichnung einer genaueren Untersuchung, die bisher fehlte, zu unterwerfen. Da die Geschichte von Adonaj zuletzt mit der des Jahvenamens zusammenläuft, musste auch diese dabei näher beleuchtet werden. Die Herbeiziehung rabbinischen Materials war unerlässlich. Ich hoffe zu zeigen, dass bei gehöriger Kritik dem spröden Stoffe, den kein Kenner überschätzen wird, für den Aufbau der Theologie dienliche Elemente doch noch zu entringen sind, wenn auch zum Teil nur solche Bausteine, welche am fertigen Hause nicht mehr in äussere Erscheinung treten. Die wichtige, aber von der Theologie lange Zeit ungebührlich übersehene Periode der Geschichte des israelitischen Geistes zwischen Esra und Christus kann ohne Ausnutzung der rabbinischen Litteratur nicht genügend zum Verständnis gebracht werden, wenn auch im allgemeinen wahr ist, was Wellhausen einmal sagt, dass die Thatsachen der Geschichte jener Zeit mit Hilfe des Josephus und des Neuen Testaments zu eruieren sind und nur ihre Farbe dem Talmud entnommen werden kann. Aber Umriss und Farbe zusammen geben allein ein vollständiges Bild der Dinge.

In früheren Jahrhunderten haben Männer wie die Holländer Drusius, Reland und Leusden, der Engländer Lightfoot, die Sachsen Carpzov, Meuschen, Schöttgen ihre rabbinischen Kenntnisse in den Dienst der Theologie gestellt. Das von ihnen gesammelte Material wird besonders in neutestamentlichen Kommentaren noch immer kritiklos weitergegeben, während es der Sichtung und wirkliche Frucht zu Tage fördernden historischen Behandlung gar sehr bedarf. Erst Delitzsch hat auf diesem Gebiet eine Periode neuer Forschung heraufgeführt, die in der Gegenwart von Schürer und de Lagarde, Strack und Siegfried so hervorragend vertreten wird. In diese Arbeit miteintretend habe ich 1884 in „Traditio Rabbinorum veterrima de Vet. Test. ordine atque origine" zu der noch sehr dunkeln Geschichte des alttestamentlichen Kanons einen Beitrag geliefert, und 1888 durch Behandlung der Frage nach dem Alter der jüdischen Lehre von einem leidenden Messias und der Auslegung der jesaianischen Weissagung vom Knechte des HErrn seit ältester Zeit in „Der leidende und der sterbende Messias der Synagoge des ersten nachchristlichen Jahrtausends" einen wichtigen Punkt der neutestamentlichen Zeitgeschichte aufzuhellen gesucht. Die vorliegende Schrift will nun vornehmlich der alttestamentlichen Theologie dienen, welche ja nicht vollständig wäre, wenn sie den Übergang von der alttestamentlichen zu der neutestamentlichen Gottesoffenbarung nicht mit berücksichtigen wollte.

Leipzig, März 1889.

G. H. DALMAN.

INHALTSÜBERSICHT.

VORBEMERKUNG.

Die von mir angewandte Schreibung *Masora*, so auch Delitzsch, Nöldeke, Kautzsch, während Strack, de Lagarde, Stade, Siegfried *Massora* vorziehen, mag gleich hier ihre Rechtfertigung finden. Die ursprüngliche Form ist hebr. מסורת, aram. מסרתא. Die Aussprache des letzteren war schon in alter Zeit schwankend. Einige dachten an die Grundform *qâtal* (s. über dieselbe Kautzsch, Bibl.-aram. Gramm. S. 107; Nöldeke, Mand. Gramm. S. 112 f., Syr. Gramm. S. 63 f.), wonach es מָסְרָה, constr. מָסְרַת, emph. מָסַרְתָּא heissen müsste, vgl. in den babylonisch vocalisierten Targumtexten des Brit. Museum nach gütiger Mitteilung des Herrn Custos R. Hoerning in London constr. מסרת Ezech. 20, 37 (MS. Orient. 1473) und Micha 6, 4 (MS. 1474. 2211), was Merx, Chrest. Targ. S. 149. 232 mit Unrecht sofort für falsche Lesart erklärt, — emph. מסרתא Jes. 30, 11 (MS. 1474). Andere legen *qatâl* (bei Kautzsch, a. a. O. S. 104; Nöldeke, Mand. Gr. S. 114 f., Syr. Gr. S. 64 f.) zu Grunde. Danach ist מְסָרָה, constr. מְסָרַת, emph. מְסָרְתָא od. מְסָרְתָּא zu erwarten (und dies halte ich wegen des hebr. מסורת für das Richtige), wofür zu vergl. מסרתא Jes. 30, 11 (MS. Orient. 2211) und מְסַרְתָּא Jes. 30, 11 (Ed. princ. Venedig 1517). Als durch das hebr. מסורת veranlasste Mischformen sind zu betrachten: constr. מָסוֹרֶת Ezech. 20, 37 (Ed. princ., MS. Orient. 2211 מסֹרת, MS. 1474 מסוֹרת), Micha 6, 4 (Cod. Reuchl. nach Merx S. 149 מְסוֹרֵת; Ed. princ. מְסֹרֶת, aber Raschi und D. Kimchi מסורת). emph. מָסוֹרְתָּא Hiob 15, 18 (Ed. princ.). — Der einzige alte Zeuge für die Aussprache des hebr. מסורת ist die Vocalisation des Worts im hebr. Text Ezech. 20, 37, welche sicherlich gemäss dem Targum hier an „Ueberlieferung" denkt und מָסֹרֶת von מסר, und nicht von אסר, ableitet. Dem aram. מְסָרְתָּא würde hebr. מְסוֹרָה bez. מְסוֹרֶת (vgl. Stade, Hebr. Gramm. S. 151, Strack-Siegfried Neuhebr. Gramm. S. 41) sicher am genauesten entsprechen. מָסוֹרֶת (wovon später מָסוֹרָה) ist eine, wohl durch das Schwanken des aram. Sprachgebrauches bei מסרתא veranlasste Unregelmässigkeit, für welche indes das hebr. בָּגוֹדָה (statt בְּגוֹדָה) Jerem. 3, 7. 10 verglichen werden kann.

Für eine Verdoppelung des zweiten Radicals fehlt jede alte Bezeugung. Sonach ist *Masora* richtiger als *Massora*, wenn man nicht der Tradition zuwider *Mesora* schreiben will.

I. BAAL, ADON, ADONAJ.

Gott in irgend einer Weise als „Herr" zu bezeichnen ist zu natürlich, als dass nicht in allen Religionen semitischer Völker Spuren davon zu erwarten wären. Die Äthiopier hatten ihren *egzia samâj* (Herr des Himmels), die Araber brauchten رَبٌّ und رَبَّةٌ, ذُو und ذَاتٌ, بَعْلٌ und بَعْلَةٌ, die Babylonier und Assyrer hatten *bêlu* und *bêltu*, die Aramäer von Palmyra בל (בול) und בלתי, das ostjordanische Hauran, das philistäische Gaza und die Himjariten das aramäische מר und מרת, die Phönizier (Kanaaniter) בעל und בעלת, אדן und רבת (dies letztere als das אדן entsprechende Femininum). Hie und da waren derartige Bezeichnungen auch zu selbständigen Eigennamen von Gottheiten geworden, was besonders für Babylonien und Palmyra, nicht ebenso indes für Phönizien (s. später) feststeht. Schon daraus, dass die Israeliten, soweit überhaupt das Zeugnis der vorhandenen Dokumente reicht, ihr mit den Phöniziern gemeinsames אדון und בעל nur in männlicher Form ohne weibliche Ergänzung[1] besassen, erhellt, dass ihr Gott sich von dem aller übrigen semitischen Völker von Grund aus unterschied. Nicht bloss, dass die weibliche Ergänzungsgottheit fehlt, ist das Merkwürdige, sondern es muss aus dieser Thatsache sofort auf ein den semitischen Gottheiten gänzlich unähnliches Wesen des Gottes Israels zurückgeschlossen werden.

---

[1] Das hebr. Femininum zu בעל wäre בעלה, zu ארון גברת. ארונה findet sich erst in der Midraschlitteratur.

Die Wörter אדון und בעל, von denen das erstere unter den semitischen Völkern den Hebräern und Phöniziern allein eigen war, während das letztere nahezu über das ganze semitische Sprachgebiet verbreitet ist, sind einander in der Grundbedeutung einigermassen verwandt. בעל ist von der Wurzel בע, arab. بج und بخ disrupit, proruit abzuleiten, wozu man vergleiche hebr. בעה hervorquellen, בעת überfallen, viell. auch בהל überstürzen, aram. בעע eilig sein, בוע aufjauchzen, בעבע sprudeln, arab. بغى herabstürzen, heftig regnen, بجّ hervorbrechen, بعج spalten, بعت überfallen. Als verwandt ist zu betrachten hebr. נבע sprudeln, aram. נבע, syr. ܢܒܥ, arab. نبع (vgl. נבג, נבך, נבט, נבח, נבא, נבל), woraus nach Abfall des Nun jene obengenannte Wurzel sich erst entwickelte. Das arab. Intransitivum بَعِلَ bestürzt werden ist doch schwerlich, wie Nöldeke sagt[1], vom Nomen بعل = Gott abzuleiten, sodass es griech. ἐνθουσιάζειν, δαιμονᾶν entspräche, da von einer jenen griechischen Ausdrücken ähnlichen Bedeutung von بَعِلَ nichts bekannt ist. Es ist vielmehr als Bestätigung der aufgestellten Grundbedeutung von בעל zu betrachten. Auch das hebr. Zeitwort בעל heisst niemals „Herr sein" oder „Herr werden" (so Blix[2]), oder auch „beherrschen", was in Gesenius' Handwörterbuch[10] als erste Bedeutung aufgeführt wird, sondern wie aram. בעל, syr. ܒܥܠ, arab. بعل, ass. *bêlu* (häufig *pêlu*) „überwältigen, übermannen, in Besitz nehmen", und zwar fast ausnahmslos von der Besitznahme des Weibes durch den Mann, wobei auch nicht an die Herrschaft des Mannes über die Frau, sondern, wie aus 5 Mose 21, 13; 24, 1 zu ersehen, ursprünglich an den concubitus gedacht wird. Der Mann ist בַּעַל (2 Mose 21, 3), sofern er als בּוֹעֵל (Jes. 54, 5) des Weibes, das dann als בְּעוּלַת בַּעַל (5 Mose 22, 22) zu bezeichnen, sich bemächtigt hat. Auf die Überwältigung von Völkern wird בעל nur Jes. 26, 13 und 1 Chron. 4, 22 übertragen. Targum und Talmud kennen eine solche Übertragung nicht. Das Substantiv בַּעַל,

---

[1] ZDMG. XL (1886) S. 174. || [2] S. Blix, De vigtigste Udtryk for Begreberne Herre og Fyrste i de semitiske Sprog (Christiania 1876) S. 12.

von בָּעַל gebildet, wie גֶּבֶר von גָּבַר, יֶלֶד von יָלַד, נַעַר von נָעַר, ist danach ursprünglich „der durch stürmisches Hervorbrechen Überwältigende.“ — אָדוֹן von אָדַן nach dem Muster von עָשׁוֹק und חָמוֹץ abgeleitet, geht dagegen auf die Wurzel דן zurück, für welche die Grundbedeutung „unten sein“ oder „unterordnen“ angenommen werden muss. Dafür zeugt zwar nicht das sehr zweifelhafte talm. אדינא (so Blix[1]), aber das hebr. אֶדֶן Fussgestell und die arabischen Stämme دان (دون), دان (دين), دنّ, bei denen die Bedeutung „unten sein“, „unterordnen“ noch erhalten ist. Das Assyrische lässt in seinem *danânu*, gewaltig sein, wovon *dannûtu* Stärke, *dannu* mächtig, diese Grundbedeutung nicht mehr deutlich erkennen, ohne ihr zu widersprechen. אָדוֹן ist also „der Unterwerfende, anderes sich unterordnende.“ Der Unterschied von אדון und בעל besteht darin, dass die Unterwerfung im ersten Fall gewaltsamer, naturhafter Art ist, im zweiten ruhig, einem bestimmten Zwecke dienend. Im hebräischen, wie im phönizischen Sprachgebrauch finden sich Spuren dieses Ursprungs von בעל und אדון. Denn bei jenem trägt die Beziehung zwischen Herrscher und Beherrschtem sachlichen, bei diesem persönlichen Charakter. בעל ist, wie Baethgen, Beiträge zur semit. Religionsgeschichte (1888) S. 41 ausführt, der Besitzer, Inhaber, אדון der Gebieter. Vom Herrscher eines Landes, einer Stadt wird בעל nie gebraucht. אדון dagegen ist der Gebieter über Land und Haus 1 M. 42, 30. 33; 45, 8. 9, kann aber naturgemäss zu Verbindungen, entsprechend בַּעַל שֵׂעָר — der Behaarte, ב׳ כָּנָף — der Beflügelte, ב׳ חֵמָה — der Hitzige, ב׳ הַזֶּבַח (phöniz.) — der Eigentümer des Opfers, der Opfernde, niemals benutzt werden. Die Phönizier bez. Kanaaniter haben nun בעל mit Vorliebe zur Benennung ihrer Götter verwandt, was ihnen um so näher liegen musste, da sie die Gottheit nach ihrer positiven Seite als Leben hervorbringende, zeugende Macht verehrten.

---

[1] Die Lesart an den beiden einzigen Stellen Moed kat. 21 a, Baba b. 144 a ist unsicher. Das Richtige ist wahrscheinlich אֶדְרָנִי, was auf nichtsemitischen Ursprung schliessen lässt. Vgl. ἕδριον Sessel.

In Israel — und auch das ist höchst bedeutsam — hat sich בעל als Gottesbezeichnung völlig verloren. Dass es in älterer Zeit neben anderen Bezeichnungen auch gebraucht wurde, erhellt zwar nicht, wie vielfach, z. B. von Duhm, Baudissin, König, Baethgen, vorausgesetzt wird, aus Hosea 2, 18. Denn Hosea sagt nur, dass Israel künftig, um jede Nennung Baals zu vermeiden, wenn es Jahve als seinen Gatten bezeichnet, nicht den nächstliegenden Ausdruck בַּעַל, sondern אִישׁ anwenden wird. So wenig er für die Zukunft erwartet, dass Israel Jahve gewöhnlich אִישׁ nennen werde, so wenig setzt er voraus, dass בעל zu seiner Zeit im gewöhnlichen Gebrauche gewesen sei (vgl. übrigens Kuenen, De Godsdienst van Israel I S. 402 f.). Die alten Namen Jerubbaal (Gideon), Meribbaal (Mephiboschet), Beeljada (Eljada), Bealja beweisen aber, dass Männer wie Saul und David Jahve als בעל bezeichnen konnten. Davon ist indes später jede Spur getilgt worden. Von jenen Namen abgesehen, nennt Israel in seiner ganzen uns erhaltenen Litteratur seinen Gott niemals seinen בעל, sondern nur אדון.

Das älteste Beispiel für die Bezeichnung Jahves als אדון findet sich 2 Mose 23, 17 (vgl. 34, 23) in der uralten Gesetzesvorschrift, welche jedem Israeliten gebietet, jährlich dreimal vor dem Herrn (האדון) Jahve zu erscheinen, der hier doch wohl als Israels Gebieter gefasst ist. Wird dagegen Jahve Jos. 3, 11. 13 als אֲדוֹן כָּל־הָאָרֶץ bezeichnet, so wird aus Micha 4, 13, Sach. 4, 14; 6, 5 und Ps. 97, 5 klar, dass nicht an ganz Palästina, sondern an alles Land, an die ganze diesem Gott untergebene Erde gedacht ist. An dieselbe unbegränzte Weite der Gottesherrschaft, deren gleichen die Phönizier niemals von ihren Bealim aussagen, denkt auch Jesaja bei dem ihm eigenen (fünfmaligen) האדון יהוה צבאות und der Psalmist (Ps. 114, 7), wenn er die Erde aufruft, vor אדון zu beben. Selten indes (im ganzen 15 mal) bezeichnete der Hebräer seinen Gott mit suffixlosem אדון oder האדון, und, wo es sich findet, steht es nicht selbständig, sondern entweder in Verbindung mit davon abhängigem כָּל־הָאָרֶץ, oder als Einführung des Gottesnamens Jahve.

Auch Mal. 3, 1 ist keine Ausnahme; denn האדון wird dort durch den beigefügten Relativsatz אֲשֶׁר אַתֶּם מְבַקְשִׁים näher bestimmt. Das einzige unverbunden stehende אדון in dem späten Ps. 114, 7 entspricht dem parallelen ebenso ungewöhnlichen אֱלוֹהַּ יַעֲקֹב.

Sehr häufig findet sich dagegen im Alten Testament das mit dem Suffix der ersten Person versehene אֲדֹנָי, das im jetzigen Text des Alten Testaments 449mal auftritt, wovon 40 auf die prosaischen, 56 auf die poetischen Bücher (d. h. eigentlich nur das Psalmbuch), 353 auf die Propheten entfallen. Auch dies אדני erscheint am häufigsten, nämlich 315mal, in Verbindung mit יהוה, wobei אדני gewöhnlich יהוה vorangeht und nur 5mal nachsteht, und nur 134mal ohne dasselbe, doch an Stellen, wo durch den Zusammenhang zur Genüge klargestellt wird, welchen Herrn der Redende meint. Ich sage absichtlich „der Redende" und nicht „der Schreiber"; denn in der frommen Rede (Gebet, Psalmlied, Prophetie) allein wird verbundenes und unverbundenes אֲדֹנָי gebraucht, nicht in der Geschichtserzählung, nicht von der Spruchweisheit (die wenigen Abweichungen werden später behandelt). So käme die biblische Anwendung von אדון in der Form nicht viel hinaus über die Weise, in welcher auch das phönizische אדן in Verbindung mit Gottesnamen gebraucht wird, vgl. z. B. אדני בעל שמם Umm. 1, 7 mein Gebieter, der Himmelsherr, לאדן לבעל חמן Karth. 3. 4 dem Gebieter, dem Herrn der Glut. Durch אדון will der Redende nicht die Gottheit benennen, sondern nur seiner Ehrfurcht und Unterwürfigkeit ihr gegenüber Ausdruck verleihen. Insgemein wird nun behauptet, אדני sei schon innerhalb der alttestamentlichen Litteratur in der Bedeutung „der Herr", „der Allherr" eine selbständige Gottesbezeichnung ähnlich אֱלֹהִים bez. הָאֱלֹהִים gewesen. In diesem Falle hätte אדני so ziemlich הַבַּעַל entsprochen, wie es mehr die alttestamentlichen Schriftsteller, als die Phönizier selbst, vom kanaanitischen Gotte brauchen. Nur denken sie dabei natürlich nicht an den „Allherrn", sondern an den bekannten „Herrn", wobei בעל fast wie ein Eigenname dem Namen des Gottes Israels gegenübergestellt wird, vgl. z. B. 1 Kön. 18, 21: „Ist Jahve

Gott, so folget ihm, ist es der Baal (הַבַּעַל), so gehet ihm nach!" Man wäre veranlasst, den nach Baethgen's Meinung mit Sicherheit vorauszusetzenden phönizischen Gott Adoni zur Vergleichung heranzuziehen. So lange aber kein anderer sicherer Beweis dafür vorliegt[1], und das vorhandene Material אדן nur als Epitheton von Gottheiten zeigt, wird das Recht nicht bestehen, aus der Existenz des griechischen Adonis einen solchen Rückschluss zu ziehen. Die Wahrscheinlichkeit spricht dafür, dass die Griechen eben jenes Epitheton für einen Gottesnamen hielten, was um so leichter möglich war, da wirkliche Eigennamen der phönizischen Götter nur teilweise existierten. Aus dem bisher bekannten Material kann man nur schliessen, dass der phönizische Baal stellenweise mit dem ägyptischen Osiris verschmolzen war und dies der Anlass wurde, ihm ein Sterben und Wiederaufleben zuzuschreiben, welches der Inhalt der griechischen Adonismythe wurde. Hesychius hält mit Recht Ἄδωνις nur für einen Namen des phönizischen Baal, wenn er sagt: Ἄδωνις δεσπότης ὑπὸ Φοινίκων καὶ Βόλου ὄνομα. Von einem besonderen phönizischen „Adonis" weiss er nichts.

Die oben in den allgemeinsten Umrissen skizzierte Art des alttestamentlichen Gebrauches von אדני ist in jedem Fall der viel vertretenen Annahme eines selbständigen Gottesnamens אדני nicht günstig. Um so sicherer ist, dass in der Synagoge und Kirche später אדני und κύριος (meist ohne Artikel) wie Eigennamen des allein wahren Gottes behandelt werden. So wird es begründet genug sein, auf die Bedeutung und Geschichte dieses zum Gottesnamen gewordenen Epitheton näher einzugehen.

Anhangsweise werde hier darauf aufmerksam gemacht, dass die masoretische Zahl 134 vielfach den Irrtum veranlasst hat, in welchem Gesenius' Handwörterbuch, Oehler und andere befangen sind, als sollte damit die Zahl aller im Alten Testament vorkommenden אדני genannt werden. Die Masora zählt hier

[1] Auch das inschriftl. „Muttumbal Balithonis f. sacerdos Adonis" (CIL 8, 1211) beweist nicht sicher, dass die Phönizier selbst אדן als Eigennamen eines Gottes brauchten (gegen Nöldeke ZDMG XLII S. 471).

die אדני וַדָּאִין, die „eigentlichen" אדני, d. h. im Unterschied von dem ebenfalls אדני zu lesenden יהוה diejenigen Stellen, an welchen auch אדני zu schreiben ist. Übrigens steht nicht ohne weiters fest, wie diese Zählung von der Masora gemeint war. In der Einzelaufzählung der Masora finalis bei Jakob ben Chajjim sind 137 אדני genannt, welche sich auf 133 Verse verteilen, von denen einer (Dan. 9, 19 mit 3fachem אדני) in zwei Teile gespalten wird, um so die Zahl 134 vollzumachen. Frensdorff schlägt im Massoretischen Wörterbuch (1876) vor, Ps. 130, 7 hinzuzufügen, wo Heidenheim אדני für יהוה in den Text aufgenommen hat, was Baer verwirft. Der Text ben-Chajjims ist aber fehlerhaft, s. S. 85 ff. Bei alledem denkt die Masora hier nur an das alleinstehende אדני, nicht an das mit יהוה verbundene, was freilich schon im J. 916 der Schreiber des Petersburger Prophetenkodex übersehen hat, der das masoretische קלד (134) nachlässiger Weise auch bei אדני יהוה an den Rand schreibt und nicht einmal merkt, dass er allein bei Ezechiel dies 165mal thut. Dass die masoretischen Angaben nicht immer sicher sind, sieht man auch daraus, dass nach Ginsburg, The Massorah compiled from Manuscripts (1880—83) unter א § 113 אדני 47mal im Psalter stehn soll, während Baer überzeugt ist, dass eine Handschrift, welche zu Ps. 51 nur 45 Stellen nennt, im Rechte ist, s. ZDMG. XL S. 745. Gelegentlich bemerkt die Masora, dass אדני יהוה sich in der Thora 4mal finde (s. 1 Mose 15, 8), 4mal in den Psalmen (s. Ps. 69, 7). Für אדני יהוה bei Jesaia, Jeremia, Ezechiel findet sich keine masoretische Bemerkung. Aber, dass das umgekehrte יהוה אדני sich 5mal im Alten Testament (Hab. 3, 19, Ps. 68, 21; 109, 21; 140, 8; 141, 8) findet, sagt die Masora marginalis zu Ps. 140, 8. Dass mit Hülfe der Masora festgestellt werden könnte, wo und wie oft אדני sich im hebräischen Text des neunten Jahrhunderts nach Chr. gefunden habe, daran ist nach dem Gesagten nicht zu denken.

II. ADONAJ UND ADONI.

Es ist seit alter Zeit strittig gewesen, wie in 1 M. 18, 3 jenes אדני, mit welchem Abraham den drei Männern entgegentritt, zu verstehen und zu vokalisieren sei. Nach dem Zeugnisse Norzi's in seinem masoretischen Schriftkommentar Minchath Schaj ist in allen Handschriften das Nun mit Kamez versehen, und somit אדני hier als heiliges, als Anrede an Gott gemeint. Aber Norzi selbst erinnert daran, dass im Talmud auch eine andere Auffassung vertreten ist, die noch dazu dort als die eigentlich normative auftritt.[1] Die Masora ist eben hier, wie in manchen anderen Punkten, der Autorität des Talmud nicht gefolgt. Delitzsch (Neuer Komm. zur Genesis S. 299) stimmt der Masora bei. Er ist überzeugt, dass Abraham in dem Einen der drei Männer sogleich Jahve erkennt. Dillmann dagegen (im Genesiskomm. S. 277) erklärt das masoretische אֲדֹנָי für falsch. Denn „wenn Abraham gleich zu Anfang in den Fremden eine Gotteserscheinung erkannt hätte, so wäre seine Leistung keine grosse (welcher Mensch wird dem erschienenen Gott die Ehre verweigern?), und selbst das Anerbieten von Speise und Trank sinnlos". — Der Erzähler, nach dessen Auffassung hier allein zu fragen ist, lässt jedenfalls Jahve als eine Abraham von vorn herein bekannte Persönlichkeit auftreten. Von einer späteren Enthüllung (nach Dillmann in V. 13 beginnend) verlautet nichts. Und wenn man die sehr schwierige Quellenscheidung in diesem Kapitel so vollzieht, dass die eine Quelle von zwei erst mit Abraham, dann mit Lot verkehrenden „Männern" redet, während die andere Jahve allein auftreten lässt, so muss ebenfalls die Anrede als eine an den erscheinenden Gott gerichtete gelten.

---

[1] Nach Schebuoth 35^b, Sophrim 4, 6 steht fest, dass אדני in 1 M. 18, 3 offiziell als חול (unheilig) betrachtet wurde. Die entgegengesetzte Meinung, welche Schebuoth 35^b mitgeteilt, Sabbath 127^a und Baba mez. 86^b vorausgesetzt ist, hat nur den Wert einer Privatansicht.

Die Masora wäre also mit ihrer Auffassung von אדני in jeder Weise gerechtfertigt, in sofern nämlich, als das von ihr für 1 M. 18, 3 vorgeschriebene Kamez der Schlusssilbe gemeint ist, eben jenes אדני als ein „heiliges" zu kennzeichnen. Aber ist die von der Masora beliebte durchgreifende Unterscheidung des „heiligen" und des „gemeinen" אדני durch verschiedene Vokalisation wirklich uralter Gebrauch? Hat das alte Israel wirklich אדני mit Kamez gesprochen, wenn von Gott die Rede war, mit Pathach, wenn von Menschen? Von vorn herein ist wahrscheinlich, dass diese Unterscheidung eine künstliche war. Auch im Talmud wird nicht gefragt, wie jenes אדני in 1 M. 18, 3 zu sprechen — oder gar zu schreiben sei, sondern ob es als Gottesname behandelt werden müsse und also etwa nicht radiert werden dürfe. Es sind ja aber nur wenige Fälle, in denen heiliges und gemeines אדני sich nur durch langes oder kurzes *a* unterscheiden. Für gewöhnlich steht dem von Gott gemeinten pluralischen אֲדֹנָי das an einen einzelnen Menschen gerichtete singularische אֲדֹנִי gegenüber. Wie auffallend diese Thatsache ist, sieht man aus dem folgenden.

Gesenius sagt im Thesaurus (I S. 328): „Plur. אֲדֹנִים utuntur 1) pluraliter . . . . , sed longe frequentius 2) singulariter. Atque ita constanter in statu constructo et cum Suff. (praeter אֲדֹנִי)." Böttcher im Lehrbuch der hebr. Sprache (§ 888) konstatiert, dass die Extensiv- und Abstrakt-Plurale in der Regel Pluralsuffixe statt der singularischen behalten haben, dass aber, wo ohne Suff. der Gebrauch zwischen Plural und Singular schwankt, dies auch mit Suffixen möglich sei. Daher finde sich neben אדניך, אדניו für den häufigen Bedarf deutlicher Anrede oder Bezeichnung mit festem Unterschied אֲדֹנִי (an und von Menschen), אֲדֹנַי (an Menschen), אֲדֹנָי (nur an oder von Gott). — Der Thatbestand, welchen die Konkordanz aufweist, entspricht dem. Von dem einzigen אדננו in 1 Sam. 16, 16 abgesehen, das gegenüber fünffachem אדנינו ebenfalls in אדנינו zu korrigieren ist, erscheint אדון nur mit Pluralsuffixen verbunden, mit Ausnahme des Suffixes der 1. Person. Hier wird, so lange von Menschen die

Rede ist, sorgfältig geschieden zwischen Singular- und Pluralsuffixen, je nachdem es sich um eine oder mehrere Personen handelt. Neben 5 mal אֲדֹנֵינוּ, 22 אֲדֹנֶיךָ, 2 אֲדֹנַיִךְ, 11 אֲדֹנֵיכֶם, 40 אֲדֹנָיו, 4 אֲדֹנֶיהָ, 11 אֲדֹנֵיהֶם findet sich ein einziges אֲדֹנַי (1 M. 19, 2) in der Anrede an mehrere und 93 אֲדֹנִי in der Rede zu oder von einer Person.[1] Sollte wirklich der alte Sprachgebrauch dem entsprochen haben? Man kann schwer denken, dass derjenige, welcher von dem Herrn eines andern redend nie unterliess, den Plural anzuwenden, eben so konsequent den Singular brauchte, wenn er sich an seinen eigenen Herrn wandte oder von ihm sprach. Am wenigsten ist glaublich, dass die Rücksicht auf den Gebrauch des Pluralsuffixes für die Gottheit schon in alter Zeit eine solche Rückwirkung auf den Sprachgebrauch des gewöhnlichen Lebens ausgeübt haben sollte, zumal diese Rückwirkung nur das Suffix der ersten Person betroffen hat. Dergleichen ist doch nur bei der künstlichen Behandlung einer Sprache denkbar, die dem Volksleben fremd geworden ist. Das in der Bedeutung nahe verwandte בעל zeigt eine viel ungezwungenere Behandlung der Suffixe. Einmal erscheint es mit Singularsuffix der ersten Person und zwar in der Anrede an Gott (Hos. 2, 18), sonst 6mal בַּעְלָהּ, 15mal בְּעָלָיו, 3mal בְּעָלֶיהָ. Dabei scheint das Singularsuffix nur vom Gatten gebraucht worden zu sein, das Pluralsuffix vom Herrn. Auch Gott ist Hos. 2, 18 בַּעְלִי als Gatte seines Volks. Wäre dem ähnlich אדון mit Singularsuffix immer für den Menschen, mit Pluralsuffix immer von Gott gebraucht worden, so liesse sich dies wohl verstehen. Der oben aufgewiesene Thatbestand erscheint dagegen völlig willkürlich. Man muss annehmen, dass in der Rede vom menschlichen Herrn ursprünglich zum mindesten neben אֲדֹנִי auch אֲדֹנַי gebraucht wurde. Weniger wahrscheinlich dagegen ist אֲדֹנִי in der Rede von und zu Gott, obwohl die

[1] Die in Fürsts Konkordanz aufgeführten Stellen für אֲדֹנַי sind um 2 zu vermehren, nämlich 1 Sam. 30, 15. 2 Sam. 14, 18. Das אֲדֹנַי von 1 M. 19, 18 wird von der Masora als קדש bezeichnet, ist also hier nicht mitzurechnen.

Eigennamen אֲדֹנִי־בֶזֶק (Richt. 1, 5), אֲדֹנִי־צֶדֶק (Jos. 10, 1), אֲדֹנִיָּה (2 Sam. 3, 4), אֲדֹנִיקָם (Esra 2, 13), אֲדֹנִירָם (1 K. 4, 6), vgl. das phönizische אדנבל = Adonibal (nicht Adonbel, Levy, Phöniz. Wörterbuch S. 3), אדנשמש = Adonischemesch, אדנאשמן = Adoniëschmun, dafür zu sprechen scheinen, da das die beiden Teile dieser Namen verbindende *i* schwerlich überall als blosses *i* der Verbindung oder des Genetivs gefasst werden kann.

Das phönizische *avo donni* bei Plautus (Poenulus V, 2)[1] zeigt, dass dort אֲדֹנִי Anrede an den irdischen Herrn war. Ob aus dem griechischen Ἄδωνις geschlossen werden darf, auch die Anrede an die Gottheit habe אֲדֹנִי gelautet, muss zweifelhaft bleiben, s. weiter unten S. 23.

Bemerkenswert ist aber, dass אָדוֹן ohne Suffix von Gott immer im Singular gebraucht wird. Er heisst 8mal הָאָדוֹן, 1mal אָדוֹן, aber nie אֲדֹנִים, das Maleachi 1, 6 nur von ihm gebraucht wird, um ihn mit einem irdischen Herrn (wovon אֲדֹנִים 4mal) zu vergleichen. Auch im Status constructus heisst es zwar von Menschen אֲדֹנֵי הָאָרֶץ (1 M. 42, 30. 33, vgl. 1 K. 16, 24), von Gott aber immer אֲדוֹן כָּל הָאָרֶץ (6mal); und nur אֲדֹנֵי הָאֲדֹנִים (2mal) bildet eine Ausnahme. Da der alte Gebrauch אדון sich nur hier zuverlässig beobachten lässt, während die Scheidung der Lesungen אֲדֹנָי für Gott und אֲדֹנִי für Menschen lediglich in der mündlichen Tradition der Rabbinen, wie die Vokalisatoren sie vorfanden, ihre Gewähr hat, beansprucht diese Thatsache besondere Berücksichtigung. Auch sie macht die Ursprünglichkeit jener Scheidung mehr als zweifelhaft.

Oder sollte אֲדֹנָי schon in alter Zeit dermassen Terminus für den Gott Israels gewesen sein, wie es der Fall gewesen sein müsste, wenn die übliche Übersetzung κύριος (LXX), ܡܪܝܐ (Peschita), dominus (Hieron.), der HERR (Luther), der Allherr (Delitzsch)[2] ohne jede Berücksichtigung des Suffixes dem

---

[1] S. Schröder, die phönizische Sprache (1869) S. 294. || [2] Im Kommentar zu Habakuk (1843) S. 199 übersetzt Delitzsch „der Allwaltende“, im Jesajakommentar³ (1879) S. 95 „der Allwaltende, oder lieber der Allherr“.

wirklichen ursprünglichen Gebrauche entspräche? Dann wäre die Entgegenstellung eines profanen אֲדֹנִי erklärlich. Dieser Punkt bedarf einer genaueren Untersuchung.

III. DAS SUFFIX VON ADONAJ.

Böttcher nennt in seinem Lehrbuch der hebr. Sprache § 868 אֲדֹנָי als Beispiel für Nomina mit häufig gebrauchtem und dadurch abgenutzten Suffix, welche den persönlichen Sinn des Pronomen ganz aufgegeben haben, und ist davon so überzeugt, dass er § 876 c Anm. es für schwachsinnig hält, wenn jemand neuerdings אֲדֹנָי als „mein Herr" im Munde Gottes (Jes. 8, 7. Hiob 28, 28) widersinnig gefunden habe. Gesenius hatte schon im J. 1817 im Lehrgebäude der hebr. Sprache S. 524 eben diese beiden Stellen citiert als Beweis für die damals von ihm vertretene Ansicht, dass es nicht zulässig sei, ָי für ein Suffix zu halten. Indes Jes. 8, 7 lässt אֲדֹנָי sich immer noch erklären als vom Standpunkt des Propheten gesprochen, und Hiob 28, 28 wäre es ein Weisheitsspruch, der in seiner üblichen Form in Gottes Mund gelegt wird, wenn man nicht mit Dillmann (Kommentar zu Hiob S. 259) dies im Hiobbuche einzige אֲדֹנָי mit יהוה vertauscht. Für Dillmann ist neben dem (hier freilich wenig zuverlässigen[1]) Zeugnis der Handschriften dabei massgebend, dass Gott sich nie selbst אֲדֹנָי nenne. Indes er hat übersehen, dass dies bei Ezechiel wirklich viermal geschieht, nämlich Kap. 13, 9. 23, 49. 24, 24. 28, 24. Gott sagt hier von sich אֲנִי אֲדֹנָי יהוה. Müssten wir den Text dieser Stellen als korrekt anerkennen, so läge hier der Beweis vor, dass das Suffix von אדני schon damals bedeutungslos geworden war.

Man macht dies begreiflich, indem man das französische Monsieur, Madame, Notre-Dame, das syrische ܡܳܪܝ[2], das spät-

---

[1] Die Masora lehrt für Hiob 28, 28 אֲדֹנָי, vgl. auch Norzi zur Stelle. ||

[2] ܡܳܪܝ („mein Herr") war ursprünglich höfliche Anrede, später aber blosses

hebräische רַבִּי als Parallelen anführt. Bei dem letztgenannten lässt es sich nun zeigen, wie das Suffix seine Bedeutung verlor. Als Titel der Gesetzeslehrer erscheint רַבִּי erst im zweiten nachchristlichen Jahrhundert. Früher brauchte man es nur bei respektvoller Anrede (s. Matth. 23, 7. 8). In den Lehrhäusern wurde es später üblich, zum Ausdruck persönlicher Hochachtung dem Namen des Rechtslehrers, dessen in seiner Schule gehörte Ansichten man mitteilte, jenes רַבִּי beizufügen, und dieser Brauch, den die Schüler nachahmten, nahm mit der Zeit dem Suffix die ursprüngliche Bedeutung einer persönlichen Beziehung zwischen dem Redenden und der genannten Person. Einen ähnlichen Weg ist offenbar, wenn man auf das letzte Resultat sieht, auch אֲדֹנִי gegangen. Aber wann und wie wurde dies zur blossen Formel? Dies möchte klargestellt werden. Madonna konnte wohl im Munde der göttlich verehrten Jungfrau erscheinen, weil das Pronomen auch im gewöhnlichen Gebrauch dieses Wortes seine Bedeutung verloren hatte. Bei אֲדֹנִי war dieser Anlass nicht vorhanden. Oft genug wird das profane אֲדֹנִי innerhalb der an einen Menschen gerichteten Rede zur Vermeidung des „Du“ auch von der angeredeten Person gebraucht. Unter Umständen kann die Tochter den Vater (1 M. 31, 35), der Bruder den Bruder (1. M. 33, 14. 15. 2 M. 32, 22) mit אֲדֹנִי bezeichnen. Seltner schon ist אֲדֹנִי in der Rede von jemand zu einer dritten Person. In dieser Weise findet es sich fast nur gebraucht, wo ein wirkliches Dienstverhältnis vorliegt. Abraham ist אֲדֹנִי für Elieser (1 M. 24, 12), Potiphar und Pharao für Joseph (1 M. 39, 8. 44, 5), Joab für Uria (2 Sam. 11, 11), Ahab für Obadja (1 Kön. 18, 10), Sanherib für Rabsake (2 Kön. 18, 23 f.), der Herr für den Knecht (2 M. 21, 5, vgl. 1 Sam. 30, 13), der zur Rechten Jahves Thronende für den Dichter von Ps. 110. Orientalische Höflichkeit macht 2 Chron. 2, 13 Huram zum Knechte Davids, den er Salomo gegenüber אֲדֹנִי nennt. Es giebt Stellen, an welchen

ehrendes Epitheton, das der Redende auch von sich selbst brauchen konnte. Vgl. Payne Smith, Thesaurus Syriacus, Spalte 2207.

אֲדֹנִי in überflüssiger Fülle auftritt, wie in der Rede Abigails (1 Sam. 25) und des Weibes von Tekoa (2 Sam. 14), aber keine, wo es dem Redenden nicht darum zu thun wäre, seine Unterwürfigkeit geflissentlich kundzugeben, und das Suffix bedeutungslos würde. Nie wird אֲדֹנִי blosse Phrase oder Titel.

Dazu kommt, dass keine semitische Sprache in ihren Gottesbezeichnungen eine Parallele zu einem אֲדֹנָי mit bedeutungslosem Suffixe besitzt. Am ehesten liesse sich eine solche bei den Phöniziern erwarten, da sie das den übrigen semitischen Völkern fremde אדון als Epitheton der Gottheit häufig verwenden, wenn sie auch einen eigenen Gott dieses Namens nicht kennen. So ist אדון stehendes Epitheton von Baal Chamman (Karth. 3. 4. 6. 15. 17. 21 ff., Neopun. 7. 8. 16. 19), erscheint aber auch in Verbindung mit Baal Schamem (Umm. 1, 7), Melkart (Cit. 35), Eschmun (triling. Sic., Cit. 38. 39), Rescheph Chez (Cit. 36, 4). Selten wird dieses אדון mit einem Suffix verbunden. Wo dies aber geschieht, hat das Suffix seine volle Bedeutung. Umm. 1, 7 wird תחת פעם אדני בעלשמם לעלם יברכן von Renan[1] übersetzt: „Sous les pieds de Monseigneur Baal des cieux, qu'il me bénisse dans l'éternité!" Der Widmer der Inschrift spricht da mit אדני sein Verhältnis zum Himmelsherrn aus. Ebenso steht es mit לאדני למלקרת in Cit. 35, 3, dem in der Votivinschrift des Kandelabers von Malta לאדנן למלקרת entspricht, da dort der Gelobenden zwei sind.

Hierher ist auch zu rechnen das אדני von Cit. 35. 36. 38. 39, mag nun mit Schlottmann und Schröder das Suffix von der dritten Person, oder mit Derenbourg und Levy von der ersten verstanden werden.[2]

---

[1] Journal asiatique V. série, tome XX S. 355 ff. vgl. Levy, Phönizische Studien III S. 37. || [2] Die Annahme eines doppelten Gebrauchs des Jod für das Suffix der ersten und der dritten Person des Pronomens, welche sonst mit Aleph bezeichnet wird, ist doch sehr prekär. Es lässt sich an den genannten Stellen sehr wohl begreifen, dass der Widmende, obwohl er von sich in der dritten Person redet, doch Suffixa der ersten Person anwendet.

Viele behaupten zwar, ein deutliches Beispiel eines bedeutungslosen Suffixes liege vor in dem phönizischen אדני, das aus dem griechischen Ἄδωνις rekonstruiert werden müsse, s. Gesenius, Monumenta Phoen. I S. 400, Thesaurus S. 1507; Ges.-Kautzsch, Hebr. Gramm. S. 269; Baudissin, Prot. Real-Encycl.[2] X S. 172; Baethgen, Beiträge zur semit. Religionsgeschichte S. 42. Aber fraglicher noch als die Existenz eines phönizischen Gottes mit dem Eigennamen אדן ist, dass dieser Eigenname אדני gelautet haben müsste, wobei die Bedeutung des Suffixes sich verloren hätte, während es sonst überall, auch bei אדן, in Geltung blieb. Möglich wäre ja, dass von Phöniziern etwa in der Klage um den gestorbenen Gott wiederholtes אדני natürlich mit bedeutungsvollem Suffix den Anlass zu der griechischen Endung ις gegeben hätte. Aber absolut notwendig ist das nicht. Neben Ἄδωνις haben die Griechen auch die Form Ἄδων, und das ίς von Βααλτίς ist die bekannte Feminimendung und erlaubt keinen sicheren Rückschluss auf ein nach dem Inschriftenmaterial doch nicht gemeinüblich gewesenes בעלתי statt בעלת. Ähnlich wie Βααλτίς bildeten die Griechen Κάδυτις von קְדֻשָּׁה, Ἀτάρβυρις von תָּבוֹר, Σοῦχις von שׁוּק, s. auch Schröder, Phoenic. Grammatik S. 145 Anm. 2. Griechische Männernamen auf ις, ιδος sind Ἄβαρις, Ἄχις, Δάφνις, Δάτις, Πάρις.

Die Syrer übersetzen zwar Ps. 35, 23 אֱלֹהַי וַאדֹנָי mit ܐܠܗܝ ܘܡܪܝ = mein Gott und mein Herr. Aber schon in den ähnlichen Stellen Ps. 38, 16 und 86, 12 ist אֲדֹנָי אֱלֹהָי mit ܡܪܝܐ ܐܠܗܝ = Herr mein Gott wiedergegeben und vollends sonst überall das Suffix von אֲדֹנָי unübersetzt gelassen. אֲדֹנָי 1 M. 18, 3 = ܡܪܝܐ, אֲדֹנָי יהוה 1 M. 15, 2. Jes. 61, 1. 11 = ܡܪܝܐ ܐܠܗܐ, Ez. 2, 4. 3, 11. 13, 9 = ܡܪܐ ܡܪܘܬܐ, Herr der Herren. Auch das targumische Aramäisch kennt keine dem hebräischen אֲדֹנָי voll entsprechende Gottesbezeichnung. Ps. 35, 23 wird אֲדֹנָי mit

---

Z. B. „Dem Eschmun, meinem Herrn, Jibsal", oder „Reschephjathon errichtete diese Statue meinem Herrn, dem Melkart". Vgl. Levy, Phönizische Studien IV S. 4 f.

מָרֵי נִצְחָנִי (Herr meines Sieges) wiedergegeben. Nur die palästinischen Targume haben zuweilen das griechische קִירִים = κύριος für יהוה, bez. אדון.[1] Für gewöhnlich werden die Gottesnamen des hebräischen Textes in den aramäischen aufgenommen, nur אדני durch יהוה, אדני יהוה durch יהוה אלהים, יהוה אדני durch אלהים אדני ersetzt.[2] Da für יהוה die Aussprache Adonaj feststand, wurde dadurch jeder vorschriftswidrigen Lesung am besten vorgebeugt.

Sollte man sich nun auf die von Hofmann im Schriftbeweis I S. 80 und von H. Schultz in der Alttestamentlichen Theologie [1]I S. 288 f. noch vertretene Auffassung zurückziehen, wonach אֲדֹנָי als altdichterische Wortbildung ähnlich שַׁדַּי zu verstehen sei?[3] Schultz verweist für שַׁדַּי auf Ewald, Lehrbuch der hebr. Sprache § 155 b c, der שַׁדַּי zu den Aussagewörtern rechnet, welche, durch Verdoppelung des zweiten Wurzellautes sich bildend, den Begriff einer innerlich fester haftenden oder stärkeren Eigenschaft geben. Aber wie verschieden auch in mancher Beziehung Ewald und später Olshausen, Böttcher, Bickell, Stade, Nöldeke[4], Friedrich Delitzsch, Baethgen שַׁדַּי erklärt haben, keine dieser Erklärungen lässt sich auf ein aus אָדוֹן gebildetes אֲדֹנָי übertragen. Gesenius hat schon im Lehrgebäude (1817) S. 324 die Unmöglichkeit einer Herbeiziehung von שַׁדַּי konstatiert, und seit er im Thesaurus (1829) I S. 329 seine eigene von Kimchi stammende Erklärung von אֲדֹנָי als einer seltenen Pluralform aufgegeben und Ewalds Auffassung in dessen Kritischer Grammatik (1827) S. 299 beigepflichtet hat, dass die Endung von אֲדֹנָי vom Suffix der ersten Person herrühre[5], hat kein Grammatiker mehr eine andere Auffassung vertreten. Für Gesenius war entscheidend 1) die Nebeneinanderstellung von אֲדֹנָי und

---

[1] S. Targ. zu Ps. 53, 1. 97, 10. 114, 7. || [2] S. 1 M. 18, 3; 15, 2. Ez. 2, 4. 3, 11. 13, 9; Hab. 3, 19. Ps. 140, 8. 141, 8. || [3] Maimonides, More Nebochim I, 61 vergleicht den Namen Saraj, wobei die Endung Ansehen und Anerkennung bezeichne. || [4] Nach Nöldeke's Vermutung, dass שדי = שֵׁדַי oder שַׁדַּי „mein Gebieter", (ZDMG XLII S. 480 f.) wäre die Endung sogar Suffix. || [5] So vor Ewald Reuchlin, Rudimenta Hebraica (1506) S. 37, Forster, Dictionarium Hebr. (1564) unter אדון, Gussetius, Commentarii Ling. Ebr. (1702) S. 17.

אֱלֹהַי in Ps. 35, 23 [wozu Ps. 38, 16. 86, 12 hinzuzufügen], 2) dass אֲדֹנָי im Pentateuch nur in der Anrede an Gott gebraucht werde, 3) dass אֲדֹנָי nie mit dem Artikel verbunden erscheine. Der zweite Punkt beweist freilich wenig, der dritte gar nichts, da auch שַׁדַּי nicht den Artikel erhält. Entscheidend ist aber der erste in Verbindung mit der hinzuzufügenden Erwägung, dass der profane Gebrauch von אֲדֹנִי für die Anrede an Gott etwas Entsprechendes vermuten lässt, sodass אֲדֹנָי danach erklärt werden muss, wenn dieser Weg sich nicht etwa als geradezu ungangbar erweisen sollte.

Nehmen wir also an, אדני habe ursprünglich die Bedeutung „mein Herr“ gehabt. Schon innerhalb des alttestamentlichen Schrifttums soll es nach gewöhnlicher Anschauung dieselbe eingebüsst haben. Nach der Darstellung Oehlers in „Theologie des Alten Test.“[1] I S. 154 f. hat das Suffix von אדני, das im Pentateuch und Buch Josua durchgängig nur in der Anrede an Gott vorkommt, in diesen Schriften noch seine Bedeutung. Wo im Pentateuch und Buch Josua Gott nicht direkt als Herr angeredet werde, stehe nicht אֲדֹנָי, sondern הָאָדוֹן 2 M. 34, 23, אֲדֹנֵי הָאֲדֹנִים 5 M. 10, 17, אֲדוֹן־כָּל הָאָרֶץ Jos. 3, 13. Später dagegen habe sich die Bedeutung des Suffixes abgeschliffen, sodass der Ausdruck auch häufig stehe, wenn von Gott in der 3. Person die Rede ist. Niemals aber gebrauche Gott das Wort von sich, wenn er selbst redet. Die Stellen Hiob 28, 28 und Jes. 8, 7 seien nur scheinbar eine Ausnahme. — Den, der die Pentateuchquellen nicht wie Oehler ordnet, wird schon die Gegenüberstellung des Hexateuchs und aller übrigen alttestamentlichen Bücher bedenklich stimmen. Es scheint ohnehin die Bemerkung der Masora zu 1 M. 18, 3, dass אֲדֹנָי 134mal im hebräischen Text erscheine, ihn (a. a. O. Anm. 6) wie andere veranlasst zu haben, nur einen Teil der in Frage kommenden Stellen zu beachten. Eine sorgfältige Untersuchung des gesamten Materials kann aber allein zum Ziele führen.

IV. ÜBERSICHT DES GEBRAUCHES VON ADONAJ.

In der nun mitzuteilenden Übersicht über den Gebrauch von אֲדֹנָי sollen geschieden werden 1) die Fälle, in welchen אֲדֹנָי wirkliche Anrede an Gott ist, und die, in denen es in der Rede an Gott von Gott gebraucht wird, 2) die Fälle, in welchen es in der Rede an Menschen oder in der Geschichtserzählung erscheint, und 3) die Fälle, in denen Gott sich selbst so nennt. Die unter 1) genannten Fälle entsprechen ohne weiteres dem Gebrauch von אֲדֹנִי. Es liegt hier kein Grund vor, dem Suffix seine Bedeutung zu nehmen. Im zweiten Fall bedarf es der Untersuchung, wie weit die Bedeutungslosigkeit des Suffixes sich als notwendig erweist. Was aus den Beispielen für den dritten Fall zu entnehmen sei, ob von da aus Rückschlüsse zu machen sind, ist am Ende zu fragen. Der Einfachheit wegen sollen zunächst geschichtliche, poetische und prophetische Bücher nebeneinander behandelt werden; erst am Schluss wird die Geschichte des Gebrauchs von אֲדֹנָי innerhalb des Alten Testaments erörtert. Zu Grunde gelegt wurde die Konkordanz Fürsts mit Hinzufügung von 27 bei diesem Artikel von ihm übersehenen Stellen.

In den geschichtlichen Büchern finden wir אדני 40 mal. Auf das jehovistische Quellenwerk des Hexateuch (Jahvist und 2ter Elohist) kommen davon 18, auf das Deuteronomium 2, auf das Buch der Richter 4, 2 Samuelis 6, Königsbuch 7, Esra-Nehemia 3. Das Priesterbuch des Pentateuchs (erster Elohist), die Bücher Rut, Esther und der Chronik sind ohne אדני.

Als Anrede an Gott steht אדני 32 mal. Von Gott in der Rede an ihn wird es gebraucht in der eigenartigen Stelle 2 M. 15, 17, in welcher אֲדֹנָי vom Standpunkte des Sängers zu erklären ist, welcher v. 2 Gott als אֵלִי bezeichnet, oder nach dem Zeugnis des samaritanischen Pentateuch und Targum zu streichen.

Ausserhalb der Rede an Gott erscheint אדני nie im Hexateuch, aber 6mal im Königsbuch, 2mal in Esra-Nehemia. Und zwar steht es 5mal in Reden, nur 3mal in der Geschichtserzählung. Nie sagt es Gott von sich selbst. 1 Kön. 2, 26 sagt Salomo zu Abjathar: „Der du die Lade meines HErrn Jahve (אדני יהוה) getragen hast.“ Esra 10, 3 sagt Sechanja in seinem Bussbekenntnis: „Lasst uns nun einen Bund machen mit unserm Gott zu entlassen alle Weiber — — — nach dem Rate meines HErrn (אדנָי) und derer, welche zittern vor dem Gebot unsers Gottes.“ Neh. 4, 8 mahnt Nehemia: „Meines HErrn, des grossen und furchtbaren, gedenket!“ Bei der ersten Stelle lässt sich das Suffix unbedenklich übersetzen. Die zweite wird zu streichen sein, da an dieser Stelle mit אדני sicherlich Esra gemeint ist und also mit der englischen Revised Version אֲדֹנִי zu lesen. Bei der dritten Stelle ist daran zu erinnern, dass auch im Profangebrauch zuweilen אֲדֹנִי gebraucht wird, wo einer im Namen mehrerer redet und deshalb אֲדֹנֵינוּ erwartet werden könnte. Vgl. 1 M. 47, 18. 4 M. 32, 25. 36, 2. Nebenbei ist natürlich nicht zu erwarten, dass auf dem Suffix allemal ein Nachdruck liege. 1 Kön. 22, 6 und 2 Kön. 19, 23 reden Propheten. Die Propheten Ahabs verkünden dem Könige: „Zieh hinauf, und es wird mein HErr (אדני) in die Hand des Königs geben.“ Jesaja spricht zu Sanherib: „Durch die Hand deiner Boten hast du meinen HErrn (אדני) geschmäht.“ Kein Zwang liegt vor, das Suffix hier unübersetzt zu lassen. Auf den Gebrauch von אֲדֹנָי im Munde der Propheten kommen wir indes weiter unten noch zurück. 1 Kön. 3, 10. 15 und 2 Kön. 7, 6 finden wir אֲדֹנָי in der Geschichtserzählung. Das Suffix lässt sich hier nicht dadurch rechtfertigen, dass der Geschichtschreiber es auf sich bezogen habe. Aber wenn אדני so selten in der Geschichtserzählung vorkommt, wird eben zu fragen sein, ob es an solchen Stellen echt ist. Viele Kodices bei Kennikott lesen stattdessen יהוה. Wenn man weiss, wie durch die spätere Lesung von אדני für יהוה die Schreibung der Gottesnamen in eine nicht mehr völlig lösbare Verwirrung gekommen ist, wofür Geigers „Urschrift und Übersetzungen der Bibel in ihrer Abhängigkeit von der inneren Entwickelung des Judenthums“ nachzulesen ist, so muss geradezu erwartet werden, dass אדני sich im masoretischen Text an Stellen findet, die es ursprünglich nicht hatten. Nur aus dem vorwiegenden jetzt zu beobachtenden Gebrauch darf ein Schluss gezogen werden auf die ursprüngliche Textgestalt.

Die alten Übersetzungen lassen sich zur Kontrolle nicht verwenden. Die LXX geben nach dem uns aus Handschriften bekannten Text sowohl אדני als יהוה mit κύριος wieder. Für das besonders bei Ezechiel häufige אדני יהוה haben Vat. und Sin. meist einfaches κυριος, während Alex. αδωναι κυριος zu schreiben pflegt. Origenes berichtet zu Ezech. 8, 1, dass es Manuskripte gebe, in welchen κύριος an dieser Stelle doppelt geschrieben stehe. So finden wir Ps. 140, 8 im Vat. κυριε κυριε, in Al.[1] Sin.[1] κυριε, in Ps. 67, 21 Vat. Alex. του κυριου, Sin.[2] κυριου κυριου, 5 Mose 9, 26, Jos. 7, 7, Ps. 69, 7, Vat. Sin. κυριε, Alex. κυριε κυριε, Richt. 6, 22, 2 Sam. 7, 19. 22, Ps. 71, 5. 108, 21 Sin. Vat. Alex. κυριε κυριε. Von irgend welcher Sicherheit im Gebrauch der Gottesnamen ist keine Rede. Nicht besser steht es mit den Targumen, da sie ebenso אדני wie יהוה mit יהוה, אדני יהוה und יהוה אלהים mit יהוה אלהים wiedergeben (s. o.). Nur das samaritanische Targum lässt die Gestalt der hebräischen Vorlage deutlich erkennen, da es hebräisches יהוה durch יהוה, אדני aber im 1 Buch Mose stehend mit רבי, in den anderen Büchern des Pentateuch mit מרי wiedergiebt. Die einzigen hier zu beobachtenden Abweichungen sind, dass אדני 1 M. 18, 3 als „gemeines“ aufgefasst und durch רבני übertragen wird, dass 2 M. 15, 17 ebenso wie im samarit. Text יהוה statt des masoretischen אדני gelesen wird. Hieronymus hat Ps. 140, 8. 108, 21. 67, 21 sein ursprüngliches den LXX folgendes doppeltes Dominus in Dominus Deus verwandelt, indem er die Übersetzung wie die Targumisten der jüdischen Lesung von אדני יהוה nachbildete. So fallen יהוה אלהים, אדני יהוה und יה יהוה in seiner Übersetzung zusammen. Vgl. 1 M. 2, 4. 15, 2. Ezech. 8, 1. Jes. 26, 4.

Die Peschita[1] zeigt dieselbe Ungenauigkeit. Sie hat ܡܳܪܝܳܐ für יהוה (z. B. 1 Mose 18, 1), אדני (1 M. 18, 3) und יהוה אדני (Ps. 140, 8. 141, 8), ܡܳܪܝܳܐ ܐܰܠܳܗܳܐ für יהוה אלהים (1 M. 2, 4), אדני יהוה (1 M. 15, 2. Jes. 61, 1. 11), יה יהוה (Jes. 26, 4), ܡܳܪܝ ܡܳܪܝܳܐ für אדני יהוה (Ez. 2, 4. 3, 11. 13, 9) und יהוה אדני (Hab. 3, 19).

Wir fahren in der Statistik des biblischen Gebrauches von אדני fort. In den poetischen Büchern, von denen wir hier die Klagelieder ausschliessen, findet sich אדני 56mal, d. h. 55mal im Psalmbuch (wovon 47 ohne יהוה), 1mal bei Hiob, gar nicht in den Sprüchen, dem Prediger, dem Hohenliede. 33mal ist innerhalb des Psalmbuches אדני deutlich Anrede an Gott und 3mal erscheint es dabei parallel אֱלֹהַי, nämlich Ps. 35, 23. 38, 16. 86, 12. Wenn der Fromme in seiner Not Gott um Hilfe anruft, ist es nur das natürliche, dass er ihn seinen Herrn nennt. Von den Stellen, an welchen von Gott mit אדני geredet wird, sind 10 der Art, dass der bedrückte Fromme sich dessen getröstet, was er von dem zu erwarten hat, der sein HErr ist, so Ps. 30, 9. 37, 13. 40, 18. 54, 6. 66, 18. 71, 16. 73, 28. 77, 3. 8. 130, 6. Noch 12 Stellen bleiben innerhalb des Psalmbuchs übrig. Ps. 22, 31 heisst es: „Von meinem HErrn (לַאדֹנָי) wird man verkünden dem kommenden Geschlecht.“ Angenommen, dass die Lesart richtig ist, so ist es der HErr, dessen Gnadenthat am Sänger des Liedes von ihm gerühmt worden ist, welcher Gegenstand der Verkündigung werden soll, sein HErr, den er V. 1 mit אֵלִי, V. 2 mit אֱלֹהַי angerufen hat. Ps. 68 enthält אדני 7mal. Da der Dichter sich, wie in V. 25 אֵלִי מַלְכִּי zeigt, Gott persönlich gegenüberstellt, dessen Thaten er als die Thaten seines Gottes rühmt, ist אֲדֹנָי vollständig gerechtfertigt. Ähnlich werden Ps. 2, 4. 78, 65. 90, 17. 110, 5 zu verstehen sein. Gott redet von sich mit אדני nur Hiob 28, 28, wovon schon oben die Rede war. Die Einzigkeit der Stelle, da nicht nur das Hiobbuch, sondern auch das verwandte Spruch-

---

1 So schreiben wir, da die emphatische Form ܦܫܝܛܬܐ = pešîṭtâ nach dem deutschen Artikel keinen Zweck hat. Vgl. Nöldeke, Syr. Gramm. S. VIII.

buch אדני sonst niemals aufweisen, spricht gegen ihre Echtheit, auch wenn nicht Gott von sich selbst redete.

Die Prophetie, zu der wir die Klagelieder rechnen, ist die eigentliche Heimat des Gebrauches von אדני, das Jesaja I und II, Amos, besonders aber Ezechiel sehr häufig anwenden, während es sich bei den übrigen Propheten seltener, bei Hosea, Joel, Jona, Nahum, Haggai, Sacharja I und III gar nicht findet. Das Jesajabuch zeigt 48 maliges אדני, und zwar in Kap. 1—39 mit Vorliebe allein oder in Verbindung mit יהוה צבאות, in Kap. 40—66 nur einmal allein im Munde Zions, nämlich 49, 14, vgl. אֲדֹנַיִךְ 51, 22, sonst, wo der Prophet, bez. der Knecht Jahves redet, immer in Verbindung mit יהוה, aber ohne צבאות. Als Anrede an Gott steht es 2 mal, 15 mal in den Einführungsformeln prophetischer Rede, 29 mal innerhalb derselben, 2 mal (Kap. 6, 1. 8) in der Geschichtserzählung. Die letztgenannten Stellen lassen sich in die Kategorie der Einführungen prophetischer Rede rechnen. אֲדֹנָי ist da völlig am Platz; denn der Prophet redet im Namen dessen, der ihn gesendet und darum im besondern Sinne sein Herr ist. Ausserdem kennt Jesaja sehr wohl das blosse הָאָדוֹן, das er 5 mal verwendet. Von dem Gebrauch von אֲדֹנָי innerhalb der prophetischen Rede gilt dasselbe. Besonderer Nachdruck dürfte auf dem Suffix besonders in Kap. 50, 4. 5. 7. 9 liegen, wo die Häufung des Gottesnamens sich eben dann im Zusammenhang sehr wohl erklärt. Der Prophet beruft sich darauf, dass sein Gott, der ihn für die Rede inspiriert, auch gegen seine Feinde verteidigen wird. In Kap. 8, 7 schien אדני Gesenius bedenklich, weil dort Gott rede (laut V. 5). Aber die Rede ist, wie eben אדני beweist, in Rede des Propheten übergegangen. אדני steht also auf derselben Linie wie jedes andere der prophetischen Rede angehörende.

Bei Jeremia findet sich אדני 5 mal als Anrede an Gott, 5 mal in der Einführung prophetischen Zeugnisses, 3 mal innerhalb prophetischer Rede, 1 mal in einer Schwurformel (44, 26). Ezechiel enthält אדני 232 mal. 6 mal ist es auch hier Anrede, 214 mal steht es in den Einführungsformeln prophetischer Rede, nur 12 mal innerhalb der Rede. Von den zuletzt genannten Fällen bedürfen nur 8 einer näheren Besprechung, zunächst 18, 25. 29 und 33, 17. 20. Hier erscheint אדני ohne das sonst bei Ezechiel immer beigefügte יהוה im Munde Israels, und man vergleiche Jes. 49, 14, wo Zion klagt: „Mein Herr (אדני) hat mich vergessen“, und Ps. 49, 14, wo Israel Gott mit אדני anredet, um ihn, den gleichsam schlafenden, wachzurufen. Von durchschlagender Bedeutung könnten sein die noch übrigen 4 Stellen Ez. 13, 9. 23, 49. 24, 24. 28, 24. Die drei ersten enthalten die Formel וִידַעְתֶּם כִּי אֲנִי אֲדֹנָי יהוה, die vierte וְיָדְעוּ כִּי וגו׳. Aber die Ursprünglichkeit des Textes dieser Stellen ist aus folgenden Gründen zu bezweifeln: 1) würde ein אדני in Gottes Munde nach der Streichung der Hiobstelle völlig einzigartiger Natur sein und eine Abschleifung der Bedeutung des Suffixes voraussetzen, welche sonst nirgends zu beobachten ist, 2) konnte gar zu leicht das bei Ezechiel so überaus häufige אדני יהוה sich an Stellen einschleichen, an denen es ursprünglich nicht stand, um so mehr, da dies אדני אלהים gelesen wurde und das ebenso gelesene יהוה אלהים im Text gestanden haben wird; 3) dies letztere ist aber als das originale zu vermuten, da die Formel sonst אֲנִי יהוה אֱלֹהֵיכֶם (20, 5. 7. 19. 20), bez. אֲנִי יהוה אֱלֹהֵיהֶם (28, 26. 34, 30. 39, 22. 28) zu lauten pflegt. Der masoretische Grundsatz lautete nach Frensdorff, Die Massora Magna I S. 332: „In den Propheten ist immer אדני יהוה zu schreiben mit Ausnahme von nur 5 Stellen, wo es יהוה אֱלֹהִים heisst.“ Dieser Regel sind die in den Manuskripten hie und da vorhandenen Abweichungen zum Opfer gefallen. Übrigens bezeichnet Smend, Ezechiel (1880) S. XXIX den Ezechieltext als den neben dem Samuelstexte schlechtesten im ganzen Alten Testament. Cornill, Ezechiel (1886) nimmt an, dass nach dem Zeugnis des Vat. in Kap. 1—39 an 143 Stellen für אדני יהוה blosses יהוה gelesen werden müsse und in Kap. 40—48 יהוה אלהים. Danach wäre an den besprochenen 4 Stellen אדני zu streichen, und die ganze Schwierigkeit dadurch gehoben. Doch ist mir zweifelhaft, ob man dem Zeugnis des Vat. ohne weiteres trauen darf. Da die LXX-Handschriften vordem, wenigstens zuweilen, יהוה in hebräischen Lettern aufwiesen (s. unten), ist es nur allzu denkbar, dass man bei Wegfall der hebr. Worte dieselben nicht überall durch κύριος, das bei אדני יהוה ein zwiefaches werden musste, ersetzt hat. Für יהוה findet sich auch sonst mitunter bei den LXX θεός, so 1 M. 4, 4 Cotton., 2 Mose 4, 2 Ambros., Jes. 26, 4 Sin. Vat. Alex., für אדני Jes. 3, 17, Hab. 3, 19 (κύριος ὁ θεός = אדני יהוה) Sin. Vat. Alex. Dass im masoretischen Text bei Ezechiel der ursprüngliche Gebrauch der Gottesnamen mehrfach verwischt ist, bleibt allerdings höchst wahrscheinlich.

Amos hat אדני 2mal als Anrede an Gott, 14mal in der Ankündigung prophetischer Worte, 7mal innerhalb der prophetischen Reden, 2mal in der Erzählung (7, 8. 9, 1). In den letzten beiden Fällen erzählt aber der Prophet einen ihn persönlich betreffenden Vorgang, bei welchem Gott als sein Herr mit ihm zu thun hat. Bei den übrigen kleinen Propheten erscheint אדני nur sporadisch, Micha 1, 2 (2mal), Ob. 1, 1, Hab. 3, 19, Zeph. 1, 7, Sach. 9, 4. 14, Mal. 1, 12. 14 sind die einzigen Stellen, die nach dem Vorangegangenen keiner Besprechung bedürfen. Erwähnt werde nur, wie passend Habakuks Psalm mit der Bezeugung schliesst, dass Jahve, sein HErr, seine Stärke ist und ihn „auf seine Höhen treten" lässt.

In den Klageliedern ist אדני einmal Anrede an Gott. 3mal erscheint es im Munde Jerusalems, das sich über das beklagt, was „sein" Herr ihm angethan hat, und ähnlich steht es 2, 20, wenn dort nicht יהוה zu lesen ist mit unzähligen Codd. bei Kennikott und de Rossi. 9mal braucht der Prophet in der Rede selbst אדני.

Einen eigentümlichen Charakter trägt das Danielbuch. Im ganzen Buche wird die Bezeichnung des Gottes Israels mit יהוה bez. אדני vermieden, sodass man sich kaum der Annahme verschliessen kann, dass dies mit Absicht geschehe. Nur im Gebete Daniels (Kap. 9) erscheint sowohl יהוה als אדני, letzteres 9mal als Anrede (das von Baer ausgemerzte אדני in V. 8 nicht mitgerechnet). Dazu gehört das אדני von 9, 3 in der Einleitung zum Gebet, in welcher der Prophet selbst redet. Neben אדני erscheint im Gebet V. 18 und 19 auch אֱלֹהַי, für אֲדֹנָי אֱלֹהֵינוּ V. 9 und 15 lesen viele Codd. יהוה אֱלֹהֵינוּ. Auffallend ist in V. 17 לְמַעַן אֲדֹנָי. Um Seiner selbst willen soll Gott Daniel erhören. Das Suffix der zweiten Person wird offenbar hier vermieden und durch das ehrerbietige אדני ersetzt. Einzigartig ist aber אדני (Kap. 1, 2) in der Geschichtserzählung. Hier ist entweder ursprüngliches יהוה in אדני verwandelt worden, oder dies אדני ist absichtlich zur Vermeidung von יהוה geschrieben. Im letzteren Falle läge hier ein deutliches Beispiel des bedeutungslos gewordenen Suffixes vor. Die mutmassliche Entstehungszeit des Buches oder doch wenigstens seiner hebräischen Teile erlaubt es aber nicht, von hier aus Rückschlüsse auf den älteren Gebrauch des Suffixes zu machen. In jener Zeit muss ja der Gebrauch von אדני für יהוה schon üblich gewesen sein, und, wenn dies, so war auch das Suffix von אדני ebendeshalb bedeutungslos geworden. Darauf werden wir weiter unten zurückkommen.

Von einer wirklichen Geschichte des Gebrauchs von אדני in der von den alttestamentlichen Büchern (ausgenommen Daniel) umspannten Zeit kann nach dem schriftlich vorliegenden Material kaum geredet werden, am wenigsten davon, dass man von einer bewussten Anwendung des Suffixes zu einem bedeutungslosen Gebrauch desselben fortgeschritten sei. Wenn es gestattet ist, davon auszugehen, dass der jetzt überwiegende Gebrauch für das ursprünglich Massgebende zu halten ist, so haben wir das Recht, die wenigen Stellen, wo אדני im Munde Gottes (4 mal bei Ezechiel, 1 mal bei Hiob) und in gewöhnlicher Geschichtserzählung (3 mal im Königsbuch) vorkommt, zu streichen, und es bleibt übrig, wenn wir das Danielbuch unberücksichtigt lassen, ein Gebrauch von אֲדֹנָי in der Rede von Menschen zu Gott oder von Gott, welcher dem Gebrauche des profanen אֲדֹנִי entspricht, mag auch auf das Suffix stellenweise mehr oder weniger Nachdruck fallen. Hätte אֲדֹנָי schon in früherer Zeit die Bedeutung „der HErr“ gehabt oder gewonnen, so müsste auch erwartet werden, dass es je länger desto häufiger gebraucht wurde. Statt dessen sehen wir es in allen geschichtlichen Büchern ziemlich gleichmässig verteilt, nur bei Esra-Nehemia selten, in der priesterlichen Hexateuchquelle, Chronik und Ester gar nicht vertreten. Wenn man die Psalmen von Ps. 90 an im Durchschnitt für die späteren hält, so zeigt sich auch hier dieselbe Abnahme. Ps. 1—89 haben אדני 46mal, Ps. 90—150 nur 9mal. Bei den Propheten ist der Gebrauch von אדני offenbar nur von individueller Eigenheit abhängig. Jesaja I und Amos haben es häufig, ihr Zeitgenosse Hosea gar nicht, Micha nur 2 mal. In der chaldäischen Zeit findet es sich bei Jeremia öfters, bei Ezechiel in überreicher Fülle, bei Jesaja II seltener, bei Habakuk und Zephanja fast gar nicht. Nach dem Exil brauchen es Sacharja I und Haggai gar nicht, Maleachi nur zweimal an vielleicht zu emendierenden Stellen. Es ist eine auffallende Thatsache, dass grade die Propheten, welche von einer ihnen persönlich zugekommenen Beauftragung bez. Berufung Gottes berichten, d. h. Jesaja I (K. 6, 9), Amos (K. 7, 15), Jeremia (K. 1, 10), Ezechiel (K. 2, 3), Jesaja II (K. 48, 16. 50, 4) mit Vorliebe אדני anwenden, wofür kein anderer Grund sich angeben lässt, als dass ihr Dienstverhältnis zu Jahve ein besonders persönliches war. Dann war das Suffix von אדני aber sicherlich nicht bedeutungslos. Die sogenannten Chokhmaschriften haben, da Hiob 28, 28 zu streichen, אדני gar nicht. Auch in der Weise des Gebrauchs lässt sich kein Fortschritt in späterer Zeit aufweisen. Es findet sich zwar in den älteren Zeiten des Hexateuch kein Beispiel des Gebrauchs von אֲדֹנָי in der Rede von Gott, obwohl es in der Rede an ihn auch von ihm gebraucht wird (1 M. 18, 31). Aber es ist eben erklärlicher Weise den Propheten vorzugsweise eigen, auch den Menschen gegenüber Gott als אדני zu bezeichnen. Warum sollte der jehovistische Hexateuch sich diesem Gebrauche anschliessen, da er doch vorzugsweise Geschichtserzählung und sehr wenig prophetische Elemente enthält? Ein Zwang, das Suffix von אדני irgendwann als bedeutungslos gelten zu lassen ist nicht vorhanden. Israel als Volk und der einzelne

Israelit bezeichnete mit אדני den Gott, dessen Schutz und Hülfe sie für sich in Anspruch nehmen, die Propheten nennen so den, der sie berufen. Zu berücksichtigen ist nur, dass das Suffix von אדני für das hebräische Ohr nicht ohne weiteres das Gewicht hatte, wie das Pronomen in „mein Herr" für das deutsche. Wir sagen „mein Herr" auf profanem Gebiet nur in der Anrede an eine Person, nicht in der Rede von ihr. Bei Gott brauchen wir „mein HErr" nicht einmal in der Anrede, sondern nur das blosse „HErr".

Mit رَبِّى mein Herr, رَبُّنَا unser Herr, رَبُّكَ dein Herr bezeichnen die in vieler Beziehung in ihren Gebräuchen den Hebräern so nahestehenden alten Araber ihre Stammesgötter, s. Wellhausen, Skizzen und Vorarbeiten III S. 185. Die beste Parallele zu dem althebräischen Gebrauche von אדני bietet aber das von den Assyrern so häufig als Epitheton ihrer Götter angewandte *bêlu*. Die Könige bezeichnen in ihren Inschriften und Annalen den von ihnen verehrten Gott, etwa Assur, wohl auch mit blossem *bêlu*, häufiger *bêlu rabu*[1] (der grosse Herr), die gewöhnlichste Benennung ist aber das unzählig oft angewandte *bêli-ia*[2] — mein Herr, statt dessen von einer Göttin *bêlti-ia*[3] — meine Herrin, von mehreren Göttern *bêlê-ia*[4] — meine Herren gesagt wird. Niemand kommt hier auf den Gedanken, das Suffix unübersetzt zu lassen, zumal neben dem Suffix der ersten Person sich an geeigneter Stelle auch das der dritten findet, so *bêli-šu*[5] — sein Herr, *bêlti-šu*[6] — seine Herrin, *bêlê-šu*[7] — seine Herren. Weshalb sollte dann dem hebräischen אדניך — dein Herr (Jes. 51, 22), אדניו — sein Herr (Hos. 12, 15), אדנינו — unser Herr (Ps. 8, 2. 10; 135, 5; 147, 5, Neh. 8, 10; 10, 30) nicht auch אדני = mein Herr entsprochen haben?

[1] Beispiele s. bei Schrader, Keilinschriftliche Bibliothek I (1889) S. 14. 22. 30. 34 u. oft. || [2] Ebenda S. 6. 18. 22. 24. 26. 29 u. oft. || [3] Ebenda S. 38. || [4] Ebenda S. 38. 42. 44. 46. 48. 176. || [5] Ebenda von einem Gott S. 2. 54. 190. 192, vom König S. 192. || [6] Ebenda S. 192 von einer Fürstin. || [7] Ebenda S. 54. 117.

V. DIE THATSACHE DER EINSETZUNG VON ADONAJ FÜR JAHVE.

Wie wurde das Epitheton Jahves mit ursprünglich bedeutungsvollem Suffix zu einer Titulatur, bei welcher der Sinn desselben ebenso verschwand, wie bei dem neuhebräischen רַבִּי?

Die wichtigste uns bekannte Wandelung auf dem Gebiete des Gebrauchs der Gottesnamen in der nachbiblischen Zeit besteht in der Aussergebrauchstellung des „Eigennamens" Gottes יהוה, für welchen אדני, das eben dadurch die Stellung eines Eigennamens erhält, eingesetzt wurde. Hier wird darum wohl die Veranlassung des Schwindens der Bedeutung des Suffixes zu suchen sein. Dieser Vorgang bedarf deshalb einer näheren Beleuchtung.

Es ist ungenau, wenn man, wie gewöhnlich geschieht, die Übersetzung der LXX ohne weiteres als Zeugen für die frühzeitige Vertauschung von יהוה mit אדני bez. κύριος anführt (vgl. Oehler, Alttest. Theologie I S. 140, Knobel-Dillmann zu 2 M. 3, 14. 15). Origenes berichtet zu Ps. 2 (Patrologia Graeca, Ed. Migne XII S. 1104): Ἐν τοῖς ἀκριβεστέροις δὲ τῶν ἀντιγράφων Ἑβραίοις χαρακτῆρσι κεῖται τὸ ὄνομα, Ἑβραϊκοῖς δὲ οὐ τοῖς νῦν, ἀλλὰ τοῖς ἀρχαιοτάτοις. Φασὶν γὰρ τὸν Ἔσδραν ἐν τῇ αἰχμαλωσίᾳ ἑτέρους αὐτοῖς χαρακτῆρας παρὰ τοὺς προτέρους παραδεδωκέναι. Hieronymus sagt in seiner Praefatio Regnorum: „Et nomen Domini tetragrammaton in quibusdam graecis voluminibus usque hodie antiquis expressum letteris invenimus", und in Ep. 136 ad Marcellam erwähnt er, dass die hebräischen Schriftzüge, mit welcher der Gottesname in griechische Handschriften eingetragen war, von Unkundigen für griechisches ΠΙΠΙ gehalten worden seien.[1]

[1] „Tetragrammaton, quod ἀνεκφώνητον i. e. ineffabile putaverunt, quod quidam non intelligentes propter elementarum similitudinem, cum in graecis libris reperirent, PIPI legere consueverant." Noch der Petersburger Prophetenkodex und seine Aufschrift vom J. 956/57 zeigt den linken Schenkel

Diese letztere Bemerkung zeigt, dass Hieronymus nur von Handschriften wusste, welche יהוה in Quadratschrift, wenn auch älteren Charakters, enthielten. Origenes redet ausdrücklich von althebräischer Schrift, welche nach seiner Erklärung zu Ezech. 9, 4 ihm nicht völlig unbekannt war, während aus Homilia XIV in Numeros hervorgeht, dass wenigstens damals griechische mit jenem althebräischen יהוה versehene Manuskripte ihm nicht zu Gebote standen. Er sagt nämlich an dieser Stelle (Patrologia Graeca, Ed. Migne XIII S. 677): „Ajunt ergo qui Hebraicas litteras legunt, in hoc loco (Num. 22, 12) Deum non sub signo tetragrammati esse positum, de quo qui potest requirat.“ Doch ist auf Grund handschriftlicher Bezeugung mit Montfaucon zu Ps. 71, 18 anzunehmen, dass die Hexapla des Origines in ihrer Umschreibung des hebräischen Alten Testaments in griechischen Buchstaben wirklich ΠΙΠΙ für יהוה enthielt. Nur wird diese Umschreibung kaum von Origenes selbst herrühren; vgl. Hupfeld, Kritische Beleuchtung einiger dunkeln Stellen der Alttest. Textgeschichte (Stud. u. Krit. 1830 S. 286), Gesenius, Geschichte der hebr. Sprache (1815) S. 179 f., Herzfeld, Geschichte des Volkes Israel II (1863) S. 78, von denen die zwei letztgenannten überzeugt sind, dass Origenes auch nur Handschriften mit יהוה in Quadratschrift kannte, was ich mit Hupfeld nicht für ausgemacht halte. Schlottmanns Angabe (in Riehms Handwörterbuch S. 1423 Anm.), dass ΠΙΠΙ in jenen Handschriften κύριος „beigefügt“ gewesen sei, ist inkorrekt. Es ist statt κύριος geschrieben worden.[1] Aus alledem geht hervor, dass jüdische Übersetzer des Alten Testaments sich durchaus nicht scheuten,

---

des He mit dem horizontalen Striche verbunden. Nur sehr genaue Schreiber unterschieden, wie der Talmud Menachoth 29[b] erzählt, Cheth und He, indem sie die horizontale Linie des Cheth mit einem Fortsatz versahen und den linken Schenkel des He von der horizontalen Linie trennten. Das Jod wurde oft (auch im Petersburger Codex) ziemlich lang gezogen und dadurch dem Vav ähnlich. || [1] Dass jenes missverstandene ΠΙΠΙ in der Schwurformel איפופי ישראל jer. Nedarim 9 Anf. sich wiederfinde, vermutet Musaphia in seinen Zusätzen zum Aruch und billigt Perles in seinen Etymologischen Studien, Grätz, Monatschrift XIX S. 425 wohl mit Recht.

das Tetragramm zu schreiben, und dass die ursprüngliche Gestalt der Alexandrinischen Übersetzung den Beweis für die mündliche Vertauschung von יהוה und אדני nicht liefert. Zuverlässiges Zeugnis für die Wiedergabe des Tetragramms durch das griechische κύριος findet sich in Wirklichkeit zum ersten Male in den alttestamentlichen Citaten Philos.

Hinzuzufügen ist aber, dass, wie bei Philo und Josephus zu sehen, schon zu Christi Zeit keine Ahnung davon vorhanden ist, dass der Jahvename jemals im allgemeinen Gebrauche gewesen sei, weshalb irgend welche Tradition über die Aussergebrauchsetzung desselben nirgends zu finden ist. Alle nehmen an, dass dieser Name von Anfang an nur sehr bestimmten Zwecken dienen sollte. Daraus ist dann zu schliessen, dass eben so feststand, das יהוה der heiligen Schriften sei immer אדני gelesen worden. Das Gesagte folgt aus den Nachrichten, welche wir über die in jener Zeit noch erhaltenen Reste des ehemaligen Gebrauches von יהוה finden. Von Philo sagt Siegfried (Philo S. 203), er habe die ihm zugekommene Tradition ungenau aufgefasst, wenn er den Hohenpriester nur im Allerheiligsten den Namen aussprechen lasse. In Wirklichkeit berichtet Philo (Vita Mosis III, 11, vgl. Quis rerum divin. haeres sit 35) nur, das auf dem Stirnblatt des Hohenpriesters befindliche Tetragramm, sonst unaussprechlich, werde nur von Männern, welche an Ohr und Zunge durch die Weisheit gereinigt sind, an heiligem Orte (ἐν ἁγίοις) ausgesprochen.[1] Philos Worte lauten so allgemein, dass wir ohne das daran erinnernde palästinische Zeugnis gar nicht bestimmt wissen könnten, dass er an die Priester und den Tempel in Jerusalem denkt. Vom Hohenpriester und Allerheiligsten sagt er sicherlich nichts. Aber er setzt voraus, dass ein ausgedehnterer Gebrauch des Tetragramms niemals rechtens gewesen sei. Man würde den hochheiligen Namen sonst entweiht haben. Josephus geht von demselben Gedanken aus,

[1] An Philo mag sich hier wie sonst oft Clemens Alex. anschliessen, wenn er Strom. V, 6 sagt: Ἀτὰρ καὶ τὸ τετράγραμμον ὄνομα τὸ μυστικὸν ὃ περιέκειτο οἷς μόνοις τὸ ἄδυτον βάσιμον ἦν.

wenn er Antt. II, 12 Mose auf dem Sinai Gott um Offenbarung seines Eigennamens bitten lässt, ἵνα θύων ἐξ ὀνόματος αὐτὸν παρεῖναι τοῖς ἱεροῖς παρακαλῇ — „damit er beim Opfer ihn um seine Gegenwart bei dem heiligen Akt namentlich anrufen könne“. Die rabbinische Tradition stützt sich auf 4 M. 6, 27 וְשָׂמוּ אֶת־שְׁמִי עַל בְּנֵי יִשְׂרָאֵל, wonach es den Priestern aufgetragen gewesen sei, eben bei der Segensprechung den Gottesnamen zu brauchen (s. Siphre zur Stelle), und berichtet in Talmud, Joma 39[b], Menachoth 109[b]; Tosephta, Sota 13, 8: seit dem Tode des Hohenpriesters Simon des Gerechten (um 270 v. Chr.) hätten die Priester aufgehört, bei der Benediktion des Volks im Tempel den Namen auszusprechen. Ein besonderes Motiv wird nicht angeführt. Die Meinung ist: nach Simon gab es keinen Hohenpriester mehr, der ihm geglichen hätte. So trauern die Priester um ihn, indem sie sich der Aussprache des Gottesnamens nicht mehr für würdig achten. Das ist der Gedanke der Tradition, die sich eben dadurch als wenig glaubwürdig erweist.[1] Nur so viel erhellt daraus, dass einige Rabbinen des dritten Jahrhunderts meinten, der Gebrauch des Jahvenamens sei lange vor der Zerstörung des zweiten Tempels auch im Heiligtum erloschen gewesen. Statt dessen, sagen die babylonischen Rabbinen Kidduschin 71[a], sei ein 12buchstäbiger Name[2] im Tempel angewandt worden. Die genauer über derartiges unterrichteten Palästinenser wissen von der ganzen Entfernung des Jahvenamens aus dem Tempelgebrauche nichts und erzählen ausdrücklich Talmud jeruschalmi, Joma 3, 7: der Hohepriester habe den heiligen Namen am Versöhntag im Tempel bis zuletzt ausgesprochen, nur früher mit lauter, zuletzt mit leiser Stimme, sodass der zur Zeit der Zerstörung lebende Rabbi Tarphon, welcher Priester war, den Namen kaum aus dem be-

[1] Gegen Weiss, Dor dor I S. 218, und Oehler, Prot. Real-Encycl.[2] VI, S. 502. ‖ [2] Nach Sepher ha-Bahir (12. Jahrh.) war der 12buchstabige Name ein dreifaches יהוה, Jahava, Jahve, Jihvô gesprochen (so nach Narboni (um 1360), s. Friedländer, The Guide of the Perplexed I (1881) S. 232, nach S. ha-Bahir Ed. princ. (Amsterd. 1651) Bl. 7a Jahava, Jehove, Jihvô).

gleitenden Gesang der Priester herauszuhören vermochte. Danach gilt die Schilderung des Ritus jenes Tages in der Mischna, Traktat Joma[1] in Bezug auf diesen Punkt noch für die letzten Jahre des Tempelbestandes. Wenn wir Philos Aussage damit vergleichen, so ist nicht zu leugnen, dass der Name Jahve, so lange der Tempel bestand, dort, aber dem Brauche nach auch nur dort, am Versöhntage und nach Mischna, Tamid 7, 2, Sota 7, 6 auch in der täglichen Benediktion des Volkes von den Priestern ausgesprochen wurde.[2] Mit der Zerstörung des Tempels schwand die letzte Zufluchtsstätte des ehrwürdigen Namens, und אֲדֹנָי, bis dahin längst schon vom Volke statt יהוה gesprochen und gelesen, trat vollständig an seine Stelle. Die Aussprache von יהוה wurde von da ab nur mit Vorsicht hie und da im geheimen von Gelehrten überliefert. Manche wollten sie nicht einmal kennen, wegen der Verpflichtungen, die ihnen daraus erwachsen könnten. Talmud jer. Joma 3, 7, babli Kidduschin 71ª. Von Jesu wird behauptet, dass er aus Ägypten Zauberkünste (כשפים) mitgebracht habe (Sabbath 104ᵇ), wegen deren Ausübung er hingerichtet wurde (Sanhedrin 43ª vgl. 107ᵇ). Dass dabei an den Gottesnamen gedacht wurde, ist aus Sanhedrin 106a zu schliessen, wo mit Anspielung auf ihn gesagt wird: „Wehe dem, der sich selbst durch den Gottesnamen (בשם אל) auferweckt!“ Wer den Namen öffentlich ausspricht, zieht sich ein Gottesgericht zu, Aboda sara 18ª. Die letzten sicheren Spuren einer Kenntnis der Aussprache von יהוה weisen

[1] Der Jahvename wird hier nur durch השם angedeutet. Das vollere שם המפורש in Joma 6, 2, von Strack in seiner Ausgabe dieses Traktats in den Text aufgenommen, ist unecht. Die Berliner Mischnahandschriften (Cod. Orient. fol. 567. quart. 569), zwei Münchener, eine Londoner und eine Oxforder Talmudhandschrift, die ältesten Drucke des babylon. und jerusalem. Talmud, d. h. alle bekannten Zeugen ausser Cod. Cambridge und Mischna Ed. princeps, haben es nicht. Die Vermutung von Löw, Beiträge I, 1 S. 204 f. wird durch diesen Sachverhalt trefflich bestätigt.

[2] Dafür, dass der Hohepriester nur am Versöhntage den Jahvenamen gebraucht habe (so Grätz, Geschichte der Juden III S. 103), existiert kein Beweis. — Dass der Brauch auf den Tempel beschränkt war, sagt die Mischna, Tamid 7, 2, Sota 7, 6 und eine Barajtha Sanhedr. 101ᵇ ausdrücklich.

in das erste Drittel des zweiten Jahrhunderts. Um das Jahr 300 diskutiert man schon über die ehedem übliche Traditionsweise, Kidduschin 71[a]. Nun gilt ausnahmslos, was Rab Nachman bar Jizchak (gest. 356) um diese Zeit in Babylonien sagt (Pesachim 50[a]): „Dieser Aeon ist nicht wie der zukünftige; in diesem wird Er geschrieben mit Jod He und genannt mit Aleph Daleth; aber im zukünftigen Aeon ist Er ganz Einer. Dann schreibt und nennt man ihn mit Jod He."[1]

Aus dem Ausspruche der Mischna, Berachoth 9, 5, vgl. Tosephta, Ber. 6, 23, nach welchem die Weisen in alter Zeit angeordnet hätten, sich beim Grusse des „Namens" zu bedienen, folgert Geiger „Urschrift und Übersetzungen" in einer in mehrfacher Beziehung den Thatbestand verdunkelnden Erörterung S. 263 ff., dass die Aussprache des Tetragramms in der Zeit der Mischna noch üblich gewesen sei und erst später verschwunden. Aber die Mischna selbst sucht jene vergebliche alte Anordnung mühsam zu verteidigen; man entsprach ihr offenbar schon damals in der Praxis nicht. Und dann steht gar nicht fest, dass hier wirklich das Tetragramm gemeint ist, und nicht blos Adonaj. Das letztere setzt sowohl die babylonische als jerusalemische Gemara voraus, da sie eine Ausgleichung der Verordnung mit dem Verbote der Aussprache des Tetragramms nicht für nötig halten. Es handelt sich auch gar nicht darum, ob man das Tetragramm oder einen andern Gottesnamen im Grusse brauchen solle, sondern ob überhaupt der Gottesname

1 Der entsprechende Ausspruch Jacob bar Acha's im jerus. Talmud, Sanhedrin 10, 1 ist dem hier mitgeteilten etwa gleichzeitig. An derselben Stelle berichtet übrigens auch ein Palästinenser, R. Mana, dass die Samaritaner beim Eide [vielleicht auf 5 Mose 6, 13. 10, 20 gestützt] den heiligen Namen aussprechen, was die Juden eben nicht nachahmen sollen. A. Geiger, Nachgel. Schriften III S. 26 verkehrt den Sinn der Stelle mit Unrecht ins Gegenteil. Sie ist wichtig, denn sie beweist, dass die von Theodoret um 450 mitgeteilte samaritanische Aussprache Ἰαβέ auf lebendiger Überlieferung beruht und nicht etwa, wie Dietrich (Alttestl. Zeitschr. III S. 296) meinte, ein an Theodoret verratenes Geheimnis war. Übrigens scheint R. Mana vorauszusetzen, dass die Samaritaner den Gottesnamen ebenso aussprachen, wie es die Juden selbst thun würden.

im Grusse zu brauchen sei, während das Übliche war, im Grusse Gott überhaupt nicht zu nennen. Zudem widersprechen der Meinung Geigers die Zeugnisse des Philo und Josephus. — Die Behauptung des sehr späten Midrasch Tillim zu Ps. 36, die Männer der grossen Synagoge (zur Zeit Esras) und das Geschlecht der Verfolgungszeit (unter Hadrian) hätten das Tetragramm gebraucht, die Zeitgenossen Zedekias ihn gekannt, kann auf ernste Berücksichtigung keinen Anspruch erheben.

In der heidenchristlichen Kirche, in welcher selbst der Palästinenser Justin den hebräischen Schrifttext nicht kannte, bestand wohl von Anfang an keine genaue Kenntnis der hebräischen Gottesnamen. Die Mitteilungen des Clemens von Alexandrien, besonders aber seines Schülers Origenes über diesen Punkt werden sicherlich der grossen Masse neu gewesen sein. Dafür, dass wirklich Adonaj von den Juden für das Tetragramm gelesen wurde, ist zufällig Origenes der älteste bekannte Zeuge. Sein Zeugnis, das nach dem bisher Gesagten eine sehr weit zurückreichende Kraft hat, werde deshalb hier mitgeteilt. Er sagt zu Ps. 2 (Patrologia Graeca, Ed. Migne, XII S. 1104): Ἔστι δέ τι τετραγράμματον ἀνεκφώνητον παρ' αὐτοῖς, ὅπερ καὶ ἐπὶ τοῦ πετάλου τοῦ χρυσοῦ τοῦ ἀρχιερέως ἀναγέγραπται, καὶ λέγεται μὲν τῇ Ἀδωναῒ προσηγορίᾳ οὐχὶ τούτου γεγραμμένου ἐν τῷ τετραγραμμάτῳ. παρὰ δὲ Ἕλλησι τῇ Κύριος ἐκφωνεῖται. S. auch Origenes zu Ez. 8, 1 a. a. O. XIII S. 801.

So ist also sicher, dass zur Zeit Christi יהוה für den gewöhnlichen mündlichen Gebrauch längst durch אדני ersetzt war, und zwar seit so langer Zeit, dass jede Erinnerung an eine frühere allgemeine Anwendung des Jahvenamens fehlte. Dass diese Umwandlung sich schon zur Zeit der griechischen Übersetzung des Pentateuchs (um 250 v. Chr.) vollzogen hatte, lässt sich nicht beweisen. Es mag aber vor der Hand als wahrscheinlich gelten. Die Zeit zwischen Esra-Nehemia und den Makkabäern ist ja, wie man aus der Darstellung des Josephus sieht, schon für die Juden der Zeit Christi eine sehr dunkle, durch wenig geschichtliche Nachrichten aufgehellte gewesen.

Über die mannigfachen Wandelungen, welche sich damals vollzogen, waren alle völlig im unklaren. Was man von daher überkommen hatte, wurde von den meisten für uralt gehalten. Der gegen einiges in jener Zeit Aufgekommene erhobene sadduzäische Protest verhallte wirkungslos. Rechtliche und rituelle Neuerungen verschiedenster Art gelangten damals zu allgemeiner Anerkennung, mit ihnen die Unterdrückung des alten Namens des Gottes Israels.

Dass man trotz alledem nach wie vor יהוה schrieb, beweisen nicht nur die oben erwähnten griechischen Manuskripte, sondern ebenso die Targume und die spätere jüdische Litteratur. Allerdings wurde es üblich, diesen Namen nur anzudeuten, in älterer Zeit durch vier- und dreifaches, später zweifaches Jod, auch durch einfaches ה׳[1], oder abzuändern, wie durch die Schreibung יהוד. In diesen Formen aber verdrängte der Jahvename den Adonajnamen sogar vollständig. Nur in Schriftcitaten, auch zuweilen in Targumhandschriften[2], wird er noch geschrieben. Sonst ist überall יהוה an seine Stelle getreten.

VI. JÜDISCHE ZEUGNISSE VOM GEBRAUCHE DER GOTTESNAMEN.

Noch sind aber die Ursachen der Einführung von אדני statt יהוה zu untersuchen. Die übliche Motivierung derselben ist jedenfalls nicht zutreffend. Oehler redet von der „schon von den LXX gegebenen, aber unhaltbaren Auslegung“ von 3 Mose 24, 16, welche der Anlass dazu gewesen sei. Auch Dillmann sagt

---

1 Vierfaches Jod findet sich in von Merx benutzten babylonisch punktierten Targumhandschriften, dreifaches in einer Aufschrift des Petersb. Prophetenkodex vom Jahre 956/57, in venediger und konstantinopolit. Drucken von 1515 und 1517, zweifaches in Drucken von Pesaro, Konstantinopel, Venedig, Saloniki seit 1507, einfaches ה׳ ebenfalls schon zur gleichen Zeit. ||

2 S. Berliner, Targum Onkelos II S. 223 f.

zu 3 M. 24, 11: „Die Juden verstanden נָקַב vom blossen Nennen, Aussprechen des Namens Jahve und gründeten darauf ihr bekanntes Verbot. So LXX GrVen. Chald. Syr. Sam. ArErp.“ Ebenso Kuenen, De Godsdienst van Israel II S. 185 Anm. 2. Es ist richtig, in 3 M. 24, 11 übersetzen die LXX וַיִּקֹּב .... אֶת־הַשֵּׁם וַיְקַלֵּל mit καὶ ἐπονομάσας .... τὸ ὄνομα κατηράσατο, und V. 16 וְנֹקֵב שֵׁם־יהוה מוֹת יוּמָת mit ὀνομάζων δὲ τὸ ὄνομα κυρίου θανάτῳ θανατούσθω. Dieselbe Übersetzung beider Stellen zeigen Targum Onkelos und die Peschita. Die LXX fassen ähnlich wie 4 M. 1, 17. 1 Chron. 12, 31. 2 Chron. 28, 15. 2 Esra 8, 20 נקב von der blossen Nennung, während Targum Onkelos und Peschita den technischen Ausdruck für die Nennung Gottes mit seinem Eigennamen, eigentlich „mit genauer Bezeichnung“, anwenden. Vgl. דִּיפָרֵישׁ שְׁמָא דַיְיָ Targ. Onk. zu 3 M. 24, 15 mit Siphra zur gleichen Stelle: אֱמוֹר מַה שֶׁשָּׁמַעְתָּ בְּפֵירוּשׁ sage, was du gehört hast, genau, d. h. wie es eigentlich lautete. Aber damit ist keineswegs gegeben, dass LXX und Onkelos gemeint hätten, die blosse Nennung des Jahvenamens werde hier mit dem Tode bedroht. Der Zusammenhang sagte ja deutlich genug, dass es sich um Nennung dieses Namens im Fluche handele. Auch die LXX müssen dies verstanden haben. Dass jener Halbisraelit im Fluch „den Namen“ ausspricht, ist nach ihrer eigenen Übersetzung sein Verbrechen (V. 11). Als καταρασάμενος soll er hinausgeführt und gesteinigt werden (V. 14). In eben dieser Eigenschaft wird (V. 23) die Hinrichtung an ihm auf Grund des von Mose ausgerichteten göttlichen Befehles vollzogen. Selbstverständlich haben die LXX dann V. 16 ὀνομάζων δὲ τὸ ὄνομα κυρίου in diesem Befehl durch ἄνθρωπος ὃς ἐὰν καταράσηται θεόν in V. 15 näher erklärt. Der Beweis des Gegenteils müsste erst geführt werden.[1] „Wer Gott flucht, wird seine Strafe empfangen; wer aber (nämlich im Fluche) den Namen des

[1] Siegfried in Philo von Alexandrien S. 8 vergleicht „eine ältere sadduzäische Überlieferung, nach welcher die Priester seit dem Tode Simeons des Gerechten aufhörten, beim Segen der „Namen“ zu gebrauchen“. Aber diese Überlieferung hat mit 3 M. 24 gar nichts zu thun.

HErrn nennt, werde getötet." So meinen es die LXX. Eben dies ist, wie weiter unten gezeigt wird, auch die palästinisch-jüdische Erklärung der Stelle. Nebenbei mag auch die Scheu, den „HErrn" als Objekt eines Fluches zu sehen, wie Geiger, Urschrift und Übersetzungen der Bibel, S. 274 bemerkt, dazu beigetragen haben, dass man נקב mit „aussprechen" übersetzte, „nicht als fasste man es wirklich so auf, sondern um die Blasphemie nicht auszudrücken". Schon das im biblischen Hebräisch unerhörte הַשֵּׁם unserer Stelle statt יהוה wird derselben Scheu seinen Ursprung verdanken.

Philos Gedanken sind wie sonst, so auch hier zur Erklärung der LXXübersetzung nicht zu verwenden, vgl. Siegfried, Philo S. 8, Zeller, Philosophie der Griechen III 2, II S. 217 ff., Frankel, Palästinische Exegese S. 34 ff. In 3 M. 24, 15 f.: ὃς ἂν καταράσηται θεόν, ἁμαρτίᾳ ἔνοχος ἔστω· ὃς δὲ ἂν ὀνομάσῃ τὸ ὄνομα τοῦ κυρίου, θνησκέτω (so bei Philo, Vita Mosis II 166, III 25), versteht er τὸ ὄνομα τοῦ κυρίου nicht vom Tetragramm, sondern von jeder Benennung des wahren Gottes, während er bei θεόν an heidnische Götter denkt, deren Schmähung gemieden werden soll, damit man sich nicht gewöhne, irgend einen Gottesnamen gering zu achten. Nachdem er als das Verbrechen jenes Halbisraeliten eine wirkliche Verfluchung des wahren Gottes hingestellt hat, „der nicht von allen, sondern nur von den Besten gepriesen werden darf, welche die vollkommenen Reinigungen vorgenommen haben", umschreibt er: „Wenn jemand den Herrn der Menschen und Götter — ich sage nicht — lästerte, sondern nur wagte, zur Unzeit seinen Namen auszusprechen, werde das Todesurteil über ihn verhängt." Die blosse Nennung an sich findet auch Philo nicht strafbar, was ja für den, der hier an alle Gottesnamen dachte, ganz unmöglich war. Er selbst scheint vorauszusetzen, dass der Wortlaut der Stelle eigentlich nur von der Lästerung Gottes rede. Nur ist für ihn jede Nennung Gottes zur Unzeit einer Lästerung gleich. Und dies mag er in jenem ὃς δὲ ἂν ὀνομάσῃ angedeutet gefunden haben. Der wirkliche Ausgangspunkt seiner Deutung liegt natürlich nicht hier, sondern in der gesamten Anschauung Philos von den Gottesnamen und ihrem Gebrauche, auf die wir später zurückkommen.

Von Josephus, der in seiner Vita Anspruch darauf erhebt, in seiner Jugend sich ungewöhnliche Rechtskunde erworben zu haben, der in Galiläa selbst die peinliche Gerichtsbarkeit organisierte, lässt sich erwarten, zuverlässigere Kunde davon zu erhalten, wie man in Palästina officiell die das Recht des Gotteslästerers mitteilenden Stellen des Gesetzes verstand. Er sagt Antt. IV, 8: Ὁ δὲ βλασφημήσας θεὸν καταλευσθεὶς κρεμάσθω δι' ὅλης ἡμέρας, καὶ ἀτίμως καὶ ἀφανῶς θαπτέσθω. Steinigung, Henkung und ehrloses Begräbnis ist also die gesetzliche Strafe des Lästerers. Die Henkung ist dabei nur als schmachvolle Ausstellung des Leichnams des Hingerichteten gemeint. Dies entspricht in jeder Weise den Vorschriften der Thora, die nicht wie das spätere rabbinische Recht fordert, dass die Henkung erst kurz vor Sonnenuntergang geschehe.[1] Die Steinigung des Lästerers ist eben 3 M. 24, 16 entnommen und damit der Beweis geliefert, dass man diese Stelle officiell nicht von der blossen Aussprache des göttlichen Namens, sondern von der Lästerung desselben verstand. — Auf Grund dieses Gesetzesparagraphen wurde Jesus als Lästerer nach Matth. 26, 65. 66 und Mark. 14, 63. 64, vgl. Joh. 19, 7 zum Tode verurteilt. Joel, der in „Blicke in die Religionsgeschichte zu Anfang des zweiten christlichen Jahrhunderts“ II (1883) S. 48 ff. nachweisen will, dass die Juden mit der Kreuzigung Jesu nichts zu thun gehabt haben könnten, meint allerdings, eine wirkliche Lästerung habe Jesus nicht ausgesprochen. Aber wie N. Brüll (Jahrbücher f. jüd. Gesch. u. Litt. VII S. 96) richtig bemerkt, war nach rabbinischem Recht jeder, „der seine Hand nach einem עיקר, einem

[1] Josephus wird mit seinem δι' ὅλης ἡμέρας sehr wohl die wirkliche Rechtsanschauung seiner Zeit ausgesprochen haben. Das rabbinische Recht enthält manche künstliche Einschränkung des alten Gebrauchs. So gegen Olitzki, Flavius Josephus und die Halacha (1885) S. 21 mit Ritter, Philo und die Halacha (1879) S. 23, N. 3.

Hauptartikel des Gesetzes, ausstreckt", als Lästerer anzusehen und zu bestrafen. S. Siphre zu 5 Mose 21, 22. Aus diesem Grunde konnte Jesu weissagender Ausspruch vor dem Gerichtshof (Mark. 14, 62), in welchem er sich Teilnahme an göttlicher Würde zusprach, als Lästerung bezeichnet und zum Grund seiner Verurteilung gemacht werden. Wenn das von den Mitgliedern des Gerichtshofes beratene Volk Matth. 27, 22, Mark. 15, 13. 14, Joh. 19, 6 von Pilatus als Todesart die Kreuzigung (Henkung) verlangte, so geschah dies wohl nicht, weil 5 Mose 21, 22. 23 für jeden Hingerichteten nachträgliche Henkung vorgeschrieben wird, sondern weil, wie eben aus jener Stelle bei Josephus hervorgeht, die Henkung schon damals zu der besonderen Strafe des Lästerers gehörte. Da die Steinigung im römischen Kriminalrecht nicht figurierte, sollte wenigstens die Henkung, die römischerseits als Strafe des Aufrührers anwendbar war, an Jesu vollzogen werden. Das צְלִיבֵהּ oder צְלִיב יָתֵיהּ, mit welchem ohne Zweifel von Pilatus die Kreuzigung Jesu gefordert wurde, enthält das vom Targum 5 M. 21, 22. 23 für die Henkung des Gotteslästerers verwandte Wort. Es ist freilich im allgemeinen nicht angängig, so wie J. und A. Lémann in Valeur de l'Assemblée qui prononça la peine de mort contre Jésus-Christ (3. A. Paris 1881) es thun, rabbinisches Recht ohne weiteres in die Zeit Jesu zurückzutragen. Hier berechtigt der Ausdruck des Josephus dazu. Der von der Majorität der Rechtslehrer in der Mischna (Sanhedrin 6, 4) tradierte Satz, dass nur der Lästerer und Götzendiener nach der Steinigung gehenkt werden, stimmt offenbar mit dem alten Brauche überein. Die Veranlassung zur Anwendung der Henkung auf den Lästerer ist 5 M. 21, 23 in den Worten כִּי קִלְלַת אֱלֹהִים תָּלוּי zu suchen. Die LXX übersetzten zwar κεκατηραμένος ὑπὸ θεοῦ πᾶς κρεμάμενος ἐπὶ ξύλου (vgl. Gal. 3, 13). Die Rabbinen verstanden aber קִלְלַת אֱלֹהִים von der Verfluchung Gottes, welche mit Henkung zu bestrafen ist. So ist Targ. Onk. אֲרֵי עַל דְּחָב קֳדָם יְיָ „weil er sich verschuldet hat vor Gott" zu verstehen, da das Targ. nie wagt, das eigentliche Wort für verfluchen auf

Gott anzuwenden (vgl. 3 M. 24, 11 ff. mit 2 M. 21, 17. 22, 27). Die vom Targum abhängige Peschita hat ihm nach gradezu gesagt: ܡܛܠ ܕܡܢ ܕܡܨܪܦ ܠܐܠܗܐ ܢܙܕܩܦ „denn wer Gott lästert, werde gekreuzigt". So sagt auch der alte Midrasch Siphre zu 5 M. 21, 22. 23 ausdrücklich: „Weshalb wird dieser gehenkt? Weil er den Namen gelästert hat (מפני שקילל את השם)." Und nach Targum jeruschalmi I zu 3 M. 24, 23 wird jener Halbisraelit nicht nur gesteinigt, wie der hebr. Text fordert, sondern auch gehenkt und (noch vor Sonnenuntergang schimpflich) begraben, ebenfalls auf Grund von 5 M. 21, 23. Vgl. übrigens Talmud, Sanhedrin 45[b] f.

Für das Verständnis von 3 M. 24, 16 von der Lästerung, nicht blossen Aussprache des Gottesnamens zeugt weiter Targum jeruschalmi I, wenn es überträgt: בְּרַם מַאן דִּמְפָרֵשׁ וּמְחָרֵף שְׁמָא דַיְיָ אִתְקַטְלָא יִתְקְטִיל „aber, wer den Namen des HErrn genau ausspricht und schmäht, werde getötet", wobei die genaue Aussprache des Jahvenamens der blossen Nennung von כִּנּוּיִין oder Beinamen Gottes im Fluche gegenübersteht, welche nach V. 15 nur Schuld vor Gott, aber nicht irdische Strafe einbringt. Der hier in das Targum eingetragene Rechtssatz der Mischna (Sanhedrin 7, 5) lautet: המגדף אינו חייב עד שיפרש השם „Der Lästerer ist nicht schuldig, bis er den Namen genau (nicht blos einen Beinamen) ausspricht".[1] Und die das rabbinische Recht an die Thora knüpfenden Midraschim stimmen darin überein, dass dieser Satz auf 3 M. 24 basiere. Vgl. Mechilta zu 2 Mose 22, 17; Siphra zu 3 M. 24 mit Talmud babli, Sanhedrin 55[b] ff., Schebuoth 35[a]; Talmud jeruschalmi, Sanhedrin 7, 10. Davon, dass die Aussprache des Jahvenamens an sich schon ein strafwürdiges Vergehen sei, ist in den ausführlichen Diskussionen

[1] Eine Sanhedrin 56[b] mitgeteilte Barajtha hat dafür den Ausdruck: עד שיברך שם בשם. Das kann nicht mit Levy, Neuhebr. Wörterbuch unter כִּנּוּי verstanden werden, als sollte im Fluche ein fremder Götze unter dem Namen des Gottes Israels Jahve gegenübertreten; sondern der „Name" (vgl. 3 M. 24, 11), d. h. Jahve, wird verflucht mit Anwendung des „Namens", nämlich Jahves.

über das Recht des Lästerers nie die Rede[1], so wenig, dass die von Maimonides in Mischna Thora, Hilchoth Aboda sara 2 vertretene Meinung, dass die Aussprache von אדני ebenso wie von יהוה dem Lästerer Steinigung zuziehe, manches für sich hat.[1] Denn der dem rabbinischen Gesetze hier vorschwebende Gedanke ist der, dass jede Lästerung Gottes dann vom irdischen Richter nicht übersehen werden kann, wenn der Eigenname des Gottes Israels gebraucht wurde und jeder Gedanke an eine andere Gottheit dadurch absolut ausgeschlossen ist. אדני hat aber dadurch, dass es die Lesung von יהוה bestimmt, den Charakter eines Eigennamens des von Israel verehrten Gottes erhalten.

Als letzten Zeugen für das in alter Zeit übliche Verständnis von 3 M. 24 nennen wir das samaritanische Targum. Es überträgt in V. 11 ויקב · · · את השם ויקלל mit ואגה · · · ית השם וקלל. In V. 15 und 16 heisst es: אנש אנש אן יקלל אלהה ויקבל עובה ומקסם שם יהוה קטל יקטל רגמה ירגמון בקסומה השם יקטל: Die Samaritaner übersetzen hier נקב mit אגה und קסם, das Aussprechen (אגה) des Gottesnamens ist als ein zauberisches oder beschwörendes gedacht, wodurch man dem Gegner zu schaden gedenkt. Die samaritanische Scheu vor der Aussprache des Jahvenamens, wofür sie שמא oder השם sagen (vgl. A. Geiger, Nachgelassene Schriften III S. 261), hatte ihre Grundlage somit ebenfalls nicht in 3 M. 24, 16.

Sonach ist die Übersetzung dieser Stelle durch Hieronymus: „Et qui blasphemaverit nomen Domini, morte moriatur“, im Einklange mit der ganzen jüdischen Überlieferung, soweit dieselbe überhaupt verfolgt werden kann, und für die Nichtaussprache des Jahvenamens ist eine andere Veranlassung als jenes vermutete Missverständnis von 3 M. 24, 16 zu suchen.

Gleich hier werde ausgesprochen, dass das rabbinische

---

[1] Genau ebenso steht es bei der Verfluchung der Eltern, welche dann mit Steinigung zu bestrafen ist, wenn sie mit Anwendung des „Namens“ geschieht. Mechilta zu 2 Mose 21, 17, Siphra zu 3 Mose 24, 16, Mischna, Sanhedrin 7, 8.

4

Recht aller Zeiten ein ausdrückliches, in der Thora enthaltenes oder doch an sie angelehntes Verbot der Nennung des Jahvenamens, wofür dann auch eine richterliche Strafe vorhanden sein könnte, nicht enthält. Statt dessen werden nur bei der Aufzählung derer, welche des jedem Israeliten zustehenden Anteils an dem zukünftigen Aeon verlustig gehen, auch die genannt, welche „den Namen“ nach seinen Buchstaben aussprechen (ההוגה את השם באותיותיו), und noch dazu gehören die dies besagenden Worte nicht dem ohne Autorangabe mitgeteilten Kern der Mischna an, sondern erscheinen als Hinzufügung, entweder ohne Nennung eines Autors, so in Tosephta Sanhedrin 12, 9, oder mit Nennung Abba Sauls, Mischna, Sanhedrin 10, 1[1] oder Jochanan ben Nuri's, Aboth de-Rabbi Nathan 36, welche beide in der ersten Hälfte des zweiten nachchristlichen Jahrhunderts lebten. Himmlische Strafe, Ausschluss von der ewigen Seligkeit wird somit dem angedroht, welcher den Jahvenamen ausspricht. Der irdische Richter hat damit nichts zu thun. Die gelegentlich anderwärts gegebene gesetzliche Motivierung der Nichtaussprache des Namens ist folgende. 2 M. 3, 15 heisst es nach der Mitteilung des Jahvenamens: זֶה שְּׁמִי לְעֹלָם „das ist mein Name auf ewig“. Die Auslassung des sonst üblichen Cholem in עלם soll hier andeuten, dass der Eigenname Gottes verhüllt werden soll (als wäre zu lesen לְעַלֵּם). Das sich anschliessende וְזֶה זִכְרִי לְדֹר דֹּר soll sich dann auf die dafür zu sprechenden Beinamen beziehen. So Schemoth Rabba 3, 7, vgl. babyl.

---

[1] Das in der babyl. Gemara zu Sanh. 10, 1 aus alter Überlieferung als Erläuterung hinzugefügte ובלשון אגא (so nach dem Aruch Ed. Pesaro 1517) ist noch nicht genügend erklärt. Weder der Aruch, noch Raschi, noch Levy geben eine befriedigende Deutung. Die Vermutung des letzteren, dass הגה im Späthebräischen bez. Aramäischen auch „beschimpfen“ heissen könne, ist wenig glaublich. Wahrscheinlich steht אגא für אַגָּאָה, eine Nebenform zu הַגָּיָה (vgl. אַגָּדָה ,הַגָּדָה ,הוֹדָאָה), das Lesen, Vokalisieren, s. bes. Smith, Thes. Syr. unter ܗܓܳܐ. In der Redeweise des vokalisierenden Lesens ist die Aussprache des Namens verboten, während die einzelnen Konsonanten (wie die Juden auch thun, s. Schebu. 34[a], Sophr. 4, Aboth de-R. Nathan 34, jer. Megilla 1, 11) zur Andeutung desselben wohl genannt werden dürfen.

Talm. Pesachim 50[a], Kidduschin 71[a], jerus. Talm. Joma 3, 7. Dass die Priester eine Ausnahme machen dürfen, beruht auf dem ihnen geltenden besonderen Befehl 4 M. 6, 27: „Und sie sollen meinen Namen auf die Kinder Israel legen, und Ich werde sie segnen", wonach כֹּה תְבָרֲכוּ „So sollt ihr segnen" in V. 23 besagt, dass die Benediktion mit Aussprache des Jahvenamens vor sich gehen soll, Siphre zu 4 M. 6, 22 u. 27, babyl. Talm. Sota 38[a]. Dass der Jahvename im Priestersegen aber nur im Tempel zu Jerusalem und sonst nirgends gesprochen werden darf, wird motiviert durch Berufung auf 2 M. 20, 24: „An jedem Orte, da ich meines Namens gedenken lassen werde, will ich zu dir kommen und dich segnen", so Mechilta zu 2 M. 20 und Siphre zu 4 M. 6, 22, oder durch Heranziehung der Stellen, an welchen der Tempel zu Jerusalem als die Stätte bezeichnet wird, die der HErr erwählt hat, Seinen Namen da wohnen zu lassen (לָשׂוּם אֶת־שְׁמוֹ שָׁם) 5 M. 12, 5. 21; 14, 24, so Siphre zu 5 M. 12, 5, babyl. Talm. Sota 38[a]. Es ist klar, dass 2 M. 3, 15 niemals den ersten Anlass zur Unterdrückung des Jahvenamens gegeben hat. Die Herleitung eines Brauches aus dem Fehlen eines Vokalbuchstaben gehört zu der Auslegungsweise, welche durch die Schule Akibas am Anfang des zweiten Jahrhunderts weitreichende Geltung erhielt. In Wirklichkeit zeigt sich darin nur das Streben, einem feststehenden Brauch mosaische Autorität zuzuwenden, indem man ihn an ein Thorawort knüpfte. Selbstverständlich wurde auch 4 M. 6, 27 erst nach Feststellung der widersprechenden Regel zur Ausnahme. Es hätte nahegelegen, das Verbot der Aussprache von יהוה durch 2 M. 20, 7: לֹא תִשָּׂא אֶת־שֵׁם יהוה אֱלֹהֶיךָ לַשָּׁוְא zu begründen, zumal לַשָּׁוְא nach Targum Onkelos und Jeruschalmi I von unveranlasster, zweckloser Aussprache des Gottesnamens erklärt wurde. Es war aber alte Sitte, dies Gebot auf den Eid zu beziehen, so schon Josephus Antt. III, 4 und Targum Onkelos[1], weiter Mechilta zu

[1] Vgl. Singer, Onkelos und das Verhältnis seines Targums zur Halacha (Berlin 1881) S. 30 ff.

2 M. 20, 7, babyl. Talmud, Sabbat 120[a], Chagiga 14[a], Schebuoth 19[b] f., Tosephta Sota 7, 2. Nur ist der Gedanke, der in 2 M. 20, 7 gefunden wird, der, dass der zwecklose Eid eben wegen der dabei geschehenden Nennung eines Gottesnamens untersagt sei. Dieser Gedanke liess sich dann auch anderweitig anwenden, zum Beispiel auf eine nicht erforderte Benediktion, bei welcher auch ein Gottesname erwähnt wird. Weil kein Gottesname unnütz (לְבַטָּלָה) genannt werden darf, ist dies verboten. Für diesen Satz beruft man sich Talmud Berachot 33[a][1] eben auf 2 M. 20, 7, während Temura 4[a] den allgemein lautenden Ausspruch 5 M. 6, 13: „Jahve, deinen Gott, sollst du fürchten", heranzieht. Der Bann ist nach Nedarim 7[b] über jeden leichtfertigen Erwähner eines Gottesnamens zu verhängen. Dass dasjenige, was von jedem Gottesnamen gilt, auf den Namen Jahve im höchsten Grade anwendbar ist, hätten die Rabbinen natürlich nicht geleugnet; aber sie ziehen diesen naheliegenden Schluss nicht, der zu einer vollen Unterdrückung des Jahvenamens ohnedies nicht hingereicht hätte. Es stand zu fest, dass dieser Name immer nur für den Gebrauch der Priester vorhanden gewesen sei, als dass man ängstlich nach einer Motivierung dieser Thatsache gesucht hätte. Zudem war seine Aussprache zur Zeit der Gemara nur noch wenigen Gelehrten bekannt. Das Volk kam nicht leicht in die Lage, den ihm unbekannten Namen, den es seit Jahrhunderten nicht im Munde geführt hatte, zu missbrauchen.

Die bei den Rabbinen zwar nicht in der Mischna, aber schon in Mechilta zu 2 M. 21, 17, Siphra zu 3 M. 24, 11 und Siphre zu 4 M. 6, 22. 27, dann in der Gemara Joma 69[b], Sota 38[a], Sanhedrin 60[a] sich findende Bezeichnung des Jahvenamens durch שֵׁם הַמְּפוֹרָשׁ, aram. שְׁמָא מְפָרְשָׁא Koheleth Rabba 3, 11, oder שֵׁם הַמְּיוּחָד Siphra zu 3 M. 24, 11, Sanhedrin 60[a], Sota 38[a], jerus. Talmud Sanhedrin 7, 10, aram. שְׁמָא דִמְיַיחַד Targum jer. I zu 3 M. 24, 16 ist vielfältiger Deutung unterworfen gewesen.

[1] Vgl. jerus. Talmud, Berachoth 6, 1.

שם המפורש ist nach Löw, Beiträge I 1, S. 25, Oppenheim in Graetz' Monatsschrift XVIII S. 545 ff., XIX S. 326 ff. der auf dem hohepriesterlichen Diadem „gravierte“, nach Rahmer, Monatsschrift XIX S. 187 der in 2 M. 3 „erklärte“, nach Grünbaum, ZDMG XXIII S. 632, XXXI S. 225, XXXIX S. 543 ff., XL S. 239 der abgesonderte, geheime, nach Nestle ZDMG XXXII S. 505 f. der abgesonderte, einzigartige, nach D. Cassel Monatsschrift XIX S. 73 ff. der nach seinem wirklichen Laut ausgesprochene, nach Munk, Guide des Égarés I S. 267 „le nom distinctement prononcé“, ähnlich Geiger, Urschrift S. 264 und Fürst, ZDMG XXXIII S. 297 f. Die letztgenannte Erklärung muss gemäss der von den Rabbinen in den Targumen zu 3 M. 24, 6 und Mischna, Sanhedrin 7, 5 gegebenen Deutung für die richtige gehalten werden. שם המפורש ist der deutlich, d. h. ohne Umschreibung, ausgesprochene Name, der auch שם המיוחד genannt werden kann, weil ihn der lebendige Gott mit keinem anderen Wesen teilt. Es ist sein κύριον ὄνομα (Philo), sein Eigenname. Dieser Name steht im Gegensatz zu jedem blossen כִּנּוּי, was als Korrelat von שם המפורש und שם המיוחד an fast allen genannten Stellen erscheint. כִּנּוּי, arab. كُنْوَةٌ oder كُنْيَةٌ, syr. ܟܘܢܝܐ, vgl. bibl. כנה Jes. 44, 5. 45, 4 einen Zunamen geben, ist im Unterschiede vom eigentlichen bei der Geburt gegebenen Namen der Beiname, welcher im Orient eine so grosse Rolle spielt. Die im Arabischen übliche Unterscheidung von كُنْيَةٌ und لَقَبٌ, dem blossen Beinamen und dem rühmenden, meist die Form eines Bildes annehmenden Epitheton, wird für den jüdischen Sprachgebrauch in sofern ebenfalls zutreffen, als auch die Juden eine Bezeichnung Gottes als Löwe u. dgl. niemals als כִּנּוּי bezeichnet hätten. Die Konja ist der im gewöhnlichen Gebrauch befindliche Beiname, meist die Herkunft, zuweilen auch den Besitz oder die Eigenschaften der benannten Person bezeichnend. Er kann, wie v. Maltzan in ZDMG XXIV S. 617 ff. vom Maghreb erzählt, unter Umständen im öffentlichen Verkehr den eigentlichen Namen, der innerhalb der Familie üblich bleibt, vollständig verdrängen, so wie bei uns der Familienname den Vornamen. Das Neue Testament zeigt häufig genug Beispiele der Verdrängung des Namens durch die Konja; die bekanntesten sind כֵּיפָא, Πέτρος für שִׁמְעוֹן, Παῦλος für שָׁאוּל, בַּר נַבָּא für יוֹסֵף (יוֹסֵי), Μάρκος für יוֹחָנָן. Alle mit בַּר zusammengesetzten Namen, wie Βαραββᾶς, Βαρθολομαῖος, Βαριησοῦς, Βαριωνᾶ, Βαρσαβᾶς, bei denen wir den eigentlichen Namen der damit bezeichneten Personen zum Teil gar nicht kennen, sind hierher zu rechnen, ebenso aber auch ὁ Ἰσκαριώτης, ἡ Μαγδαληνή, ὁ Καναναῖος. Das syrische Neue Testament braucht in solchen Fällen auch öfters ܟܢܐ für das griechische ἐπικαλεῖν, s. Matth. 10, 3, Apgesch. 4, 36; 12, 1. 15. 25; 15, 37. Maimonides bezeichnet den vierbuchstabigen Namen More Nebochim I, 61 als مُرْتَجَل d. h. als einen Eigennamen, der von Anfang an nur Name einer bestimmten Person gewesen ist. Dazu wäre der Gegensatz مَنْقُول, ein Eigenname, der von irgend etwas anderem erst auf eine Person übertragen ist. Danach würde יהוה wieder einer besonderen Klasse innerhalb der Eigennamen zuzurechnen sein. Trotzdem bleibt אדני für ihn in More Nebochim I, 62 Konja, Nomen appellativum, wenn er auch in Mischne Thora, Hilchoth Aboda sara 2 versucht ist, es als Eigennamen zweiten Ranges zu betrachten. Die Unterscheidung von ursprünglichen und abgeleiteten Eigennamen hat aber den alten rabbinischen Sprachgebrauch nicht bestimmt. Für die Rabbinen der älteren Zeit ist יהוה der Eigenname Gottes, der in den heiligen Schriften und im Heiligtume ebenso seinen Platz hat, wie der ursprüngliche Eigenname von Israeliten nach Gittin 36[a] im Scheidebriefe durch nichts anderes ersetzt werden soll und sicherlich im Gottesdienste von jeher dieselbe Rolle spielte, wie noch heute. אדני aber ist die dem gewöhnlichen Gebrauche vorzugsweise dienende Konja.

Auch die geschriebenen Gottesnamen verlangten nach rabbinischer Meinung eine besondere Behandlung. Hier teilte man die Namen in „heilige“ und „gemeine“. In die zweite Klasse gehörten blosse Gottesbezeichnungen, wie רַחוּם, חַנּוּן u. s. w., in die erste die eigentlichen Namen. Doch steht die Zählung der letzteren nicht fest. Schebuoth 34[a], Sophrim 4, jer. Megilla 1, 11 variiert ihre Zahl zwischen 6 und 11 (vgl. Rahmer in Graetz' Monatsschrift XIX S. 183 ff). Sicher ist, dass יהוה, אדני, אלהים dazugehören. Diese heiligen Namen dürfen nicht radiert werden. Liegt ein Fehler darin vor, so ist die ganze Rolle untauglich. Aber auch sie etwa durch Goldschrift besonders auszuzeichnen, wie einige thaten (Sabbath 103[b], Sophrim 1, 9), gilt nicht als gestattet, weil wider den alten Gebrauch. Man überlegt sich, ob nicht aus den zu verbrennenden Evangelienbüchern der Christen vorher die Gottesnamen auszuschneiden seien, was andere für unnötig halten. Jer. Sabbath 16, 1, Tos. Sabbath 13, 5, Bab. Sabbath 116[a].

Die in der geschilderten Behandlung der Gottesnamen sich zeigende Scheu vor Gott und allem, was zu seinem Wesen in Beziehung steht, ist für das talmudische Judentum, so wenig auch seine exegetischen Kunstgriffe ohne weiteres in ältere Zeit zurückgetragen werden dürfen, ein von den Vätern überkommenes Erbteil. Dies beweisen die einschlägigen Äusserungen des Josephus.[1] Er sagt Antt. II, 12 von Mose: καὶ ὁ θεὸς αὐτῷ σημαίνει τὴν ἑαυτοῦ προσηγορίαν, οὐ πρότερον εἰς ἀνθρώπους παρελθοῦσαν, περὶ ἧς οὔ μοι θέμις εἰπεῖν „und Gott zeigte ihm Seinen Namen, der vordem zu den Menschen nicht gekommen war, über welchen ich nicht reden darf". Da er 3 M. 24, 16 Antt. IV, 8 auf den Lästerer, 2 M. 20, 7 Antt. III, 4 auf den Eid bezieht, ist sein οὔ μοι θέμις εἰπεῖν weder durch diese, noch durch jene Stelle zu motivieren. Es ist aber auch gar nicht nötig, für ihn nach einem Schriftverbote der Aussprache des Jahvenamens zu suchen; denn erstlich sagt er Antt. III, 4 auch von den zehn Geboten: οὓς οὐ θεμιτὸν ἐστὶ ἡμῖν λέγειν φανερῶς πρὸς λέξιν „welche wir nicht wörtlich mitteilen dürfen", und weist somit dem Wortlaut des Dekalogs, dessen Inhalt er doch durchaus nicht verheimlicht, eine ähnliche Stellung zu, wie sie später das kirchliche Symbolum erhielt, ohne dass doch an

1 Vgl. Duschak, Josephus Flavius und die Tradition, Wien 1864, S. 33 f.

eine aus der Schrift geschöpfte Motivierung dieses Gebrauches zu denken wäre. Und dann ist er ja, wie früher mitgeteilt, überzeugt, dass Mose den Namen Gottes von vornherein nur für die Anwendung beim Kultus erbeten hatte. Hochheiliges sollte aber überhaupt nicht gewöhnlichem Gebrauche dienen.

Mit diesem Grundsatz steht der durch die aus dem ersten nachchristlichen Jahrhundert stammende Fastenrolle vorgeschriebene Gedenktag des 3. Tischri in Verbindung. Die Motivierung der Feier dieses Tages lautet dort nach der Editio princeps (Mantua 1514)[1]: בתלתא בתשרי אתנטילת אדכרתא מן שטריא d. h. „am 3. Tischri wurde der Gottesname aus den öffentlichen Urkunden (Kontrakten) entfernt". Die Beschränkung dieses Ereignisses auf die Tilgung des Gottesnamens im hohepriesterlichen Titel — so Rosch ha-Schana 18^b, vgl. Graetz, Gesch. d. Juden III S. 612 f. und Braun in Graetz, Monatsschrift XXV (1876) S. 455 — oder auf die Aufhebung des aufgezwungenen Gebrauchs der seleucidischen Aera — so Schmilg, Über Entstehung und histor. Wert des Siegeskalenders Megillath Ta'anith (1874) S. 48 — ist sicherlich nicht berechtigt. Die Entziehung des Gottesnamens aus dem gewöhnlichen schriftlichen Gebrauch in Verträgen aller Art war für das pharisäisch gerichtete Judentum ein Ereignis wichtigster Art. Der hochheilige Name schien so endlich vor Entweihung gesichert. אַדְכָּרְתָּא, wofür der hebräische Parallelausdruck אַזְכָּרָה, scheint ursprünglich — s. Fürst, ZDMG XXXVI S. 410 ff. — nur den Jahvenamen bezeichnet zu haben und ist erst in der Zeit der Gemara auf eine Mehrzahl von Gottesnamen angewandt worden.[2] So wäre das Tetragramm, über dessen Entfernung aus dem mündlichen Gebrauch man damals nichts mehr wusste, aus dem profanen schriftlichen Gebrauch, in welchem es länger üblich blieb, endlich auch verbannt worden;

---

1 Codex Halberstamm hat an dieser Stelle nach Joel Müller in Graetz, Monatsschrift XXIV S. 43 ff. 149 ff. keine Variante. ‖ 2 Vgl. Grünbaum in ZDMG XXXIX S. 559 f.

ob lange vor der Zeit Christi, lässt sich aus der Angabe der Fastenrolle nicht ermitteln.

Bekannt ist, wie die Targume sich bemühen, jede unmittelbare Berührung zwischen dem übersinnlichen Gott und der sinnlichen Welt durch Einschiebung der Zwischenbegriffe des מֵימַר, דִּבּוּר (Wort), יְקָר (Herrlichkeit) und der שְׁכִינָה (das Wohnen) Gottes zu vermeiden. Sie hüten sich auch, jemals den Menschen „zu" (לְ) Gott reden zu lassen, nur „vor" (קֳדָם) Ihm redet er.[1] Er versündigt sich auch nicht „an" (לְ) Ihm, sondern nur „vor" (קֳדָם) Ihm. Das mit dem zweiten Jahrhundert beginnende rabbinische Judentum hat zwar den letzteren Gebrauch behalten — auch hier reden die Menschen oft „vor" Gott (hebr. לְפָנָיו), statt „zu" ihm[2] — aber jene Zwischenbegriffe mit Ausnahme der שְׁכִינָה schwinden vollständig aus dem Gebrauche. Diese Thatsache, welche doch nicht durch Abnahme der Scheu vor dem Göttlichen erklärt werden kann, lässt sich sehr wohl verstehen als veranlasst durch die dem rabbinischen Judentum eigentümliche geflissentliche und bewusste Opposition ebenso gegen alles Griechische, wie Christliche, wobei das erstere vielleicht noch mehr ins Auge gefasst wurde, als das letztere. Griechische Philosophie untergrub ja Gesetz und Glauben der Synagoge viel nachdrücklicher als ebionitisches Christentum. Sie war in der Form des Alexandrinismus in das Judentum selbst tief eingedrungen. Gegen die unter den Heiden in abgeschwächter Form heimisch gewordene Lehre des Paulus hatte man nicht mehr viel einzuwenden, solange sie nicht die Juden selbst dem Gesetze entfremdete. Da in der Geschichte des Judentums die Zerstörung Jerusalems durch Titus den Wendepunkt bildet, so muss jene den Targumen eigene Behandlung Gottes als Charakteristikum der Zeit Christi und wohl auch des

[1] Dagegen redet Gott, bez. sein מֵימַר, zum (לְ) Menschen, vgl. z. B. Targ. Onkelos zu 2 M. 32, 32 mit V. 33; 33, 15 mit V. 17. — Instruktiv ist auch das Targum zu Ps. 2, 2. „Die Völkerfürsten lehnen sich auf vor (קֳדָם) Gott und streiten wider (עַל) Seinen Gesalbten." Der hebräische Text hat beide Male עַל. ‖ [2] S. z. B. Talm. Aboda sara 2 f.

vor seiner Geburt liegenden Jahrhunderts verwandt werden. Nur wird man sich vor der Annahme zu hüten haben, als hätte das ganze jüdische Volk die dabei vorausgesetzten Anschauungen vertreten. Denn die mehr oder weniger populäre Litteratur jener Zeit (von der wir hier die christliche ausschliessen) weiss nichts von Gottes מֵימַר und דִּבּוּר[1], zu denen eben nur Philo Entsprechendes besitzt. Es zeigt sich aber, dass gewisse Kreise des palästinischen Judentums und zwar grade die mit der Schriftauslegung beschäftigten, die Sopherim (γραμματεῖς), welche die Schöpfer des Urtargums gewesen sein müssen, in jener Zeit einer hellenistischen Denkweise huldigten, die doch nicht als durch Philo selbst hervorgerufen betrachtet werden kann, sondern deren Ursprung bedeutend weiter zurückliegt. Graetz (Monatsschrift XXIV S. 235) betont mit Recht, dass zwar nicht specifisch philonische, aber hellenistische Gedanken auch die ganze palästinische Exegese durchdringen. Philo selbst, so eigenartig in mancher Beziehung sein Denken war, ist letztlich nur Repräsentant einer in Palästina wie in Alexandrien von den einflussreichsten Männern vertretenen Richtung.[2] Und wir erhalten dadurch Recht und Pflicht, seine Gedanken über die Gottesnamen, wenn auch unter dem Hinweis darauf, dass der philosophische Aufputz nicht die weitreichende Geltung hat wie die zu Grunde liegende Anschauung, hier wiederum in den Bereich der Untersuchung zu ziehen.

Die beiden Philo aus der alexandrinischen Übersetzung bekannten Gottesnamen θεός und κύριος sind ihm Bezeichnungen göttlicher Kräfte, der δύναμις ποιητική und βασιλική, der Liebe

[1] Als eine spätere Nachwirkung des targumischen מֵימַר erscheint uns die בַּת קוֹל der jerus. und babyl. Gemara und der jerus. Targume. בַּת קוֹל ist nichts anderes als Echo. Nur ein Echo des Gottesworts wird seit dem Tode der letzten Propheten in Israel vernommen, nicht der göttliche מֵימַר selbst. An die Stelle des früheren direkteren Verkehrs Gottes mit den Menschen ist eine undeutlichere, schwächere Form desselben getreten. ||

[2] Über die Berührung Philos mit palästinischem Judentum vgl. Siegfried, Philo von Alexandrien S. 142 ff. und Ritter, Philo und die Halacha (Leipzig 1879).

eines Eigennamens hat (De Abrahamo 24, a. a. O. II 19), muss vorzugsweise durch Nichtgebrauch gegen Entweihung geschützt werden. Das dritte Gebot (2 M. 20, 7): οὐ λήψῃ τὸ ὄνομα κυρίου τοῦ θεοῦ σου ἐπὶ ματαίῳ verstand Philo vorwiegend mit der palästinischen Tradition vom Gebrauch des Gottesnamens beim Eide (De decem oraculis Ed. M. II 194, De spec. legibus, II 1, Ed. M. II 270 f.). Womöglich soll man den Schwur ganz vermeiden; leistet man ihn, so soll man sich wenigstens dabei auf Gesundheit, Gedächtnis der Eltern, Erde, Himmel, Sonne, Sterne statt auf Gott berufen und nicht, wie er klagt, bei jeder Gelegenheit die furchtbarsten Gottesnamen aussprechen. Auch hierin stimmt Philo mit der palästinischen Tradition überein. Denn wenn Jesus bei seinem Einspruch gegen die Eidespraxis seiner Zeitgenossen Matth. 5, 34—36 nachweist, dass der Schwur bei dem Himmel, der Erde, Jerusalem, dem eigenen Haupte letztlich doch ein Schwur bei Gott sei, setzt er voraus, dass man die Nennung Gottes absichtlich vermied, offenbar weil man glaubte, so das Verbot der Entweihung des göttlichen Namens im Schwur zu umgehen und der leidigen Gewohnheit unnützen Schwörens ungestraft nachhangen zu können.[1] Man soll aber nach Philo die Aussprache des Gottesnamens überhaupt vermeiden, ebenfalls auf Grunde von 2 M. 20, 7 (Quis rerum divinarum haeres sit Ed. M. I 497), was er aber, wie oben gezeigt, gleichfalls in 3 M. 24, 15 f. angedeutet findet. Damit ist zu vergleichen die seit der Zeit der Makkabäer zu beobachtende palästinische Sitte, statt der Gottesnamen andere Ausdrücke, wie שָׁמַיִם Himmel, הַשֵּׁם der Name, רַחֲמָנָא der Barmherzige, עֶלְאָה der Höchste, מָקוֹם der Ort, zu brauchen, wofür zahlreiche alte Beispiele Schürer in Jahrbb. f. prot. Theologie 1876 S. 171 ff. und Landau in „Die dem Raume entnommenen Synonyma für Gott in der neu-hebr. Litteratur“ (Zürich 1888)

[1] Nicht ganz derselbe ist der Gedanke Matth. 23, 16—22, wo Jesus nachweist, dass jeder Eid bindend sei und nicht, wie die Pharisäer lehren (vgl. Mischna, Schebuoth 4, 13), nur die Eide, in denen Gott selbst oder etwas ihm Geheiligtes genannt wird.

S. 14 ff. gesammelt haben. Dies war übrigens wirkliche Volkssitte, die auch im Neuen Testament (Matth. 21, 25, Mark. 11, 30, Luk. 15, 18. 21) zu beobachten ist, wurde indes von den Targumen, welche auch hierin sich von der gesamten späteren talmud.-rabbinischen Litteratur unterscheiden, geflissentlich nicht acceptiert. — Ein besonderes dem Tetragramm geltendes göttliches Verbot kennt Philo nicht, so wenig, wie das palästinische Judentum seiner Zeit ein solches gekannt haben wird. Lediglich die unvergleichliche Heiligkeit dieses Namens, der beinahe göttliches Wesen an sich hat, bedingt seine vorsichtige Behandlung.

Weiter zurückschreitend finden wir von besonderen die Aussprache des Gottesnamens berücksichtigenden Aussprüchen nur noch die Worte des am Anfang des zweiten vorchristlichen Jahrhunderts in Palästina lebenden Siraciden. Er sagt Kap. 23, 9—11: Ὅρκῳ μὴ ἐθίσῃς τὸ στόμα σου, καὶ ὀνομασίᾳ τοῦ ἁγίου μὴ συνεθισθῇς· ὥσπερ γὰρ οἰκέτης ἐξεταζόμενος ἐνδελεχῶς ἀπὸ μώλωπος οὐκ ἐλαττωθήσεται, οὕτως καὶ ὁ ὀμνύων καὶ ὀνομάζων διὰ παντὸς ἀπὸ ἁμαρτίας οὐ μὴ καθαρισθῇ. ανὴρ πολύορκος πλησθήσεται ἀνομίας, καὶ οὐκ ἀποστήσεται ἀπὸ τοῦ οἴκου αὐτοῦ μάστιξ· ἐὰν πλημμελήσῃ, ἁμαρτία αὐτοῦ ἐπ' αὐτῷ, κἂν ὑπερίδῃ, ἥμαρτε δισσῶς, καὶ εἰ διὰ κενῆς ὤμοσεν, οὐ δικαιωθήσεται, πλησθήσεται γὰρ ἐπαγωγῶν ὁ οἶκος αὐτοῦ. „Gewöhne deinen Mund nicht an den Eid, und gewöhne dich nicht an Nennung des Heiligen; denn wie ein Knecht, der beständig gestraft wird, nicht wenig Striemen hat, so wird der, welcher beständig schwört und (den Namen) nennt, von Sünde nicht gereinigt werden. Ein Mann, der viel schwört, wird voll Ungerechtigkeit sein, und von seinem Hause wird die Geissel nicht lassen. Wenn er sich vergeht, hat er Schuld auf sich geladen, und wenn er es aus Versehen thut, hat er doppelt gesündigt, und wenn er unnütz geschworen hat, wird er nicht gerechtfertigt werden, sondern mit Unglücksfällen wird sein Haus überhäuft.“ Drei Arten des Eides kennt der Siracide, den falschen (ἐὰν πλημμελήσῃ), den unvorsichtigen (κἂν ὑπερίδῃ) und den unnützen (εἰ διὰ κενῆς ὤμοσεν). Der letztgenannte stützt sich auf 2 Mose 20, 7, der zweite auf 3 Mose 5, 4, der erste wahrscheinlich auf 3 Mose 19, 12, obwohl die Ausdrücke an 3 Mose 5, 1—4 erinnern, das dann missverstanden worden wäre. Ähnlich unterscheidet auch das rabbinische Recht שְׁבוּעַת שֶׁקֶר, den falschen Eid, שׁ׳ בִּטּוּי, den unvorsichtigen Eid und שׁ׳ שָׁוְא, den unnützen Eid. Vor häufigem Eide soll man — sagt Jesus ben Sirach — sich hüten; denn selbst der unnütze, nicht einmal falsche Eid ist eine unvergebbare und schweres Unheil nach sich ziehende Sünde. Dabei ist offenbar dasjenige, was den Eid so gefährlich macht, die demselben eigentümliche Nennung Gottes, sodass aus dieser Stelle im Sinne des Siraciden gefolgert werden könnte, dass jede leichtfertige und unveranlasste Erwähnung Gottes überhaupt zu meiden sei. Gesagt wird dies aber von ihm nicht. Ebensowenig macht er einen Unterschied zwischen den verschiedenen Gottesnamen, und eine Deutung seiner Worte, als seien sie vom Tetragramm gemeint, ist somit nicht erlaubt. Im übrigen lässt sich in dem faktischen Gebrauch der Gottesnamen in der Litteratur der Jahrhunderte um die Geburt Christi, abgesehen von dem gelegentlichen, nirgends konsequent durchgeführten Gebrauche von „Himmel“ für Gott, nichts Auffallendes beobachten. Κύριος und θεός, also in den hebräischen Originalen der palästinischen Schriften יהוה und אלהים, werden neben einander gebraucht. Da gesprochenes אדני unbedenklich יהוה geschrieben wurde, lässt etwas anderes sich nicht erwarten.

Als Resultat der angestellten Untersuchung lässt sich bezeichnen, dass dem alexandrinischen ebenso wie dem palästinischen Judentum jener Zeit eine besondere Scheu vor dem mündlichen Gebrauche der Gottesnamen überhaupt eigen war, welche sich besonders an 2 Mose 20, 7 knüpfte. Eine ausdrückliche biblische Motivierung des als Volkssitte längst feststehenden Nichtgebrauches des Jahvenamens, abgesehen von jener spätrabbinischen, findet sich nirgends. Nach der wirklichen Veranlassung desselben ist noch immer zu fragen.

VII. GESCHICHTE UND BEDEUTUNG DES ÜBERGANGES VON JAHVE ZU ADONAJ.

Es ist bekannt, in wie eigentümlicher Weise der „Name“ Gottes von dem Israel des Alten Testaments betrachtet wird. In einem Engel, den Gott als sein Angesicht (פָּנִים) bezeichnet (2 M. 33, 14), ist der Name Jahves (2 M. 23, 11). Vom Tempel, der irdischen Offenbarungsstätte Gottes, wird 5 M. 12, 5 und oft gesagt, dass Jahve seinen Namen da niedergelegt habe. Den Targumisten erschien die erstgenannte Stelle so seltsam, dass sie jenen Engel nur in Jahves Namen reden lassen, und für den im Tempel sich niederlassenden „Namen“ haben sie gewöhnlich Gottes שְׁכִינָה, seine „Einwohnung“, eingesetzt. Doch ist zu fragen, ob man der hebräischen Ausdrucksweise völlig gerecht wird, wenn man ohne weiteres mit Oehler (Protest. Real-Encycl. [2]X S. 415) sagt: „Der Ausdruck ‚Name Gottes‘ bezeichnet . . . . die ganze göttliche Selbstdarstellung oder die ganze den Menschen zugekehrte Offenbarungsseite des göttlichen Wesens. Nicht überall, wo göttliche Machtwirkung in der Welt ist, ist darum schon göttlicher Name, sondern überall, wo der Offenbarungsgott als solcher wirkend sich zu erkennen und dadurch zu bekennen und anzurufen giebt.“ Diese Definition verwischt doch die dem alttestamentlichen Gebrauche von שֵׁם יהוה eigentümliche Grundlage. Der Name, den Gott sich selbst gegeben, ist Offenbarung seines den Menschen sonst unbekannten Wesens, wie besonders aus 2 M. 33, 19 vgl. 34, 6 ff. zu ersehen, wo Jahve dem Mose, der die „Wege“ Jahves kennen lernen will (33, 13), jene grosse Predigt von Seinem Namen hält, welche Mose und Israel dessen versichert, dass es trotz seiner Verschuldung von Ihm nichts zu fürchten hat. Trotz alledem ist der Name hier doch nur ins Wort gefasste Bezeichnung des göttlichen Wesens, nicht dieses selbst. Nicht anders steht es, wenn gesagt wird, dass Jahves Name genannt sei über einem Volk (2 Chron. 7, 14), einer Stadt (Jerem. 25, 29), einem Hause (Jerem. 7, 14), wodurch Jahve ebenso als Herr und Besitzer des Volkes, der Stadt, des Hauses bezeichnet wird, wie 2 Sam. 12, 28 Joab durch dieselbe Phrase als Bezwinger Rabbas, für den Fall, dass er und nicht David die Eroberung der ammonitischen Hauptstadt vollendet. Hierher gehört auch 2 M. 20, 24: „An jedem Orte, da ich meines Namens gedenken lassen werde (אֲשֶׁר אַזְכִּיר אֶת־שְׁמִי), will ich ff.", womit zu vergleichen 2 Sam. 18, 18: „Und Absalom nahm und errichtete sich bei seinem Leben das Denkmal im Königsthal; denn er sprach: ‚Ich habe keinen Sohn, um meines Namens gedenken zu lassen' (בַּעֲבוּר הַזְכִּיר שְׁמִי), und nannte das Denkmal nach seinem Namen." 2 M. 20, 24 ist sonach von Stätten die Rede, welche veranlassen, dass man des Namens Jahves gedenkt, ihn nicht zu nennen vergisst, dadurch, dass sie nach ihm oder seinen Thaten genannt werden, ebenso wie jenes Denkmal im Königsthale nach Absalom. An solchen Orten will Gott seinem Volke segnend nahen. Weil sie die seinigen sind, eignen sie sich dafür. Darüber hinaus gehen nicht wesentlich die Stellen, an denen Jahves Name gradezu an der heiligen Stätte niedergelegt wird, ja sogar ein Wohnenlassen desselben im Heiligtum von ihm ausgesagt. Vgl. 1 K. 11, 36 u. öfter לָשׂוּם שְׁמִי שָׁם und Nehem. 1, 9 לְשַׁכֵּן אֶת־שְׁמִי שָׁם. Aber selbst da ist der Name Jahves doch keineswegs Er selbst. In jenem Weihespruch Salomos (1 K. 8, 12. 13) ist zwar gesagt, dass der König Jahve eine Wohnung gebaut habe. Das grosse Gebet (8, 15—53) scheidet aber geflissentlich zwischen der himmlischen Wohnung Jahves, von der aus er die Gebete seines Volkes erhört, und dem irdischen Tempelhause, welches nur „Seinem Namen" gebaut, aber nicht bestimmt ist, ihn aufzunehmen. Die dem Deuteronomium, Jeremia und den deuteronomistischen Partien des Königsbuches vorzugsweise eigene Verbindung des Namens Jahves mit dem Tempel zu Jerusalem ist deshalb keineswegs mit dem sonst vorkommenden Wohnen Jahves unter Israel (2 M. 25, 8. 29, 45) völlig gleichzustellen. Die deuteronomistische Sprache will mit ihrem Ausdruck eine falsche Auffassung der göttlichen Gegenwart inmitten Israels ausdrücklich ablehnen. Der Tempel ist allerdings nicht bloss eine Stätte, wo man Gottes Namen durch gottesdienstliche Veranstaltungen verehrt (Winer), sondern diejenige, an welche Jahves Name von ihm selbst geknüpft ist, indem er sie zu der seinen gemacht hat. Alles, was diese Stätte berührt, muss deshalb auch ihn berühren. Überall hier kommt Jahves Name als genannter, ausgesprochener in Betracht. Ebenso steht es mit Stellen, wo Jahves Name als Schutz und Schirm der Gerechten bezeichnet wird, wie Spr. 18, 10. Der angerufene Name ist da gemeint, dessen Ehre auf dem Spiele steht, wenn Gott nicht solcher Anrufung Gehör giebt. Um seines Namens willen nimmt sich darum Gott der Seinen an (Ps. 23, 3). Er hilft auch „durch“ seinen Namen (Ps. 54, 3), weil der Name Inbegriff seines Wesens ist, das zu bethätigen er nicht umhin kann. Von diesem Gedanken aus kann der Hebräer dazu kommen, von dem Namen selbst richtende oder rettende Wirksamkeit auszusagen (Jes. 30, 27); damit wird es auch zusammenhängen, wenn von jenem Engel, der Gottes persönlicher Vertreter ist, gesagt wird, dass Sein Name in ihm ist (2 M. 23, 11). So nahe es uns liegen mag, in solchen Fällen für den Namen Gottes sein der Welt sich offenbarendes Wesen einzusetzen, so wenig kann doch bewiesen werden, dass der Hebräer jemals davon völlig abstrahiert habe, dass שֵׁם יהוה eben die für den menschlichen Gebrauch bestimmte, sein Wesen gleichzeitig ihnen enthüllende Selbstbenennung Gottes sei.[1] Der Hebräer vermag es eben, in einer von uns nicht nachzuahmenden Weise Gottes Namen, Gottes Weisheit, später auch Gottes Wort, Gottes Lichtglanz wie selbständige Grössen zu behandeln und gradezu zu personifizieren,

1 שֵׁם, das nach Redslob, ZDMG XXVI S. 751 ff. von שמה „weithin sichtbar sein“ abzuleiten ist, hat dabei sicherlich die ursprüngliche Bedeutung der „Weithinruchbarkeit“, des „Rufes“ nie ganz verloren, aber ein Übergang in die blosse Bedeutung „Hoheit, Majestät“ scheint mir auch für Ps. 54, 3 nicht erwiesen.

ohne dass er doch daran gedacht hätte, wirkliche Persönlichkeiten zwischen Gott und Welt einzuschieben.

Den Namen Jahves so eigentümlichen Charakters soll nun sein Volk nach 2 M. 20, 7 nicht aussprechen לַשָּׁוְא, d. h. nach ursprünglicher Meinung „zu Eitelem, Gehaltlosem", worunter sowohl schlechte als gleichgültige Dinge zu begreifen sind (vgl. Dillmann z. St.). Bei keiner Gelegenheit soll er in Verbindung mit ihm nicht Entsprechendem gebraucht werden. An diese im jehovistischen Quellenwerk des Hexateuchs ausgesprochene Warnung schliesst sich die des priesterlichen Gesetzbuches in 3 Mose 19, 12: „Ihr sollt nicht bei meinem Namen schwören zum Truge (לַשָּׁקֶר), dass du entweihest den Namen deines Gottes; ich bin Jahve." Während hier nur der Meineid als Schändung des dabei gebrauchten Namens Gottes bezeichnet ist, wird in 3 M. 22, 32 jede Übertretung göttlichen Gebotes als Entweihung des Gottesnamens angesehen, weil jede unheilige That in Israel auf den Namen seines Gottes Schande häuft. In demselben Sinne bedroht Mose in 5 M. 28, 58 ff. jeden, der den ehrwürdigen und schrecklichen Namen Jahves nicht fürchtet, mit den entsetzlichsten Strafen. Die in der jehovistischen Gesetzsammlung 2 M. 22, 27 verbotene Lästerung Gottes wird im Priestergesetz 3 M. 24, 16 mit Hinrichtung durch Steinigung bedroht, und zugleich jede Lästerung eines Gottes, auch eines heidnischen, durch einen, der an ihn glaubt, als schuldbegründend erklärt (ebenda V. 15), wenn sie auch richterliche Strafe nicht findet — was Philo, De vita Mosis III (Ed. Mang. S. 166) und Josephus, Antt. IV, 8 vgl. Contra Apionem II, 33 mit Recht den Heiden als rühmlich entgegenhalten, wenn auch die LXX es in 2 M. 22, 17 fälschlich gelehrt fanden. Jegliche Entweihung des göttlichen Namens tadeln aufs schärfste Amos in Kap. 2, 7, Jeremia 34, 16, Maleachi 1, 16, besonders aber Ezechiel 20, 39; 36, 20. 21; 39, 7; 43, 7. 8. Innerhalb des Alten Testaments wird aber bei solchen Stellen nicht an das geschriebene oder gesprochene Wort dieses Namens gedacht, sondern an den Namen als Bezeichnung einer Person, die keine Beschimpfung dulden kann. Die Frommen können deshalb Mal. 3, 20 als solche, die Jahves Namen fürchten (יִרְאֵי שְׁמִי), bezeichnet werden.

Anders wurde es, sobald man anfing, nicht den Sinn des gesprochenen Wortes, sondern den geschriebenen Buchstaben als Ausdruck des göttliches Willens zu betrachten. Dies geschah, wie aus manchen zur Zeit Christi schon als fertiges Produkt vorhandenen Rechtssätzen und Bräuchen hervorgeht, in der mit Esra anhebenden Periode. Bis dahin hatte göttlicher Befehl wohl auch längst schriftlich vorgelegen. Wir finden aber nicht, dass man nach seinem Buchstaben jemals ängstlich gefragt hätte. Die Priester lehrten das Recht auf Grund ihrer Kenntnis der Thora mit sehr freier, meist, wie die Propheten klagen, mit zu freier Anwendung derselben, die in Rechtsverdrehung auslief. So schildert es schon Hosea (4, 6), Micha (3, 11) und Jesaja (28, 7), so auch Zephanja (3, 4), Jeremia (2, 8) und Ezechiel (22, 26). Die wahren Propheten Jahves wussten sich zwar im Einklang mit der uralten Thora der Priester; aber selbst sie berufen sich auf dieselbe niemals. Ihre eigene Thora (Jesaja 8, 16. 20) besitzt selbständige Autorität. Ezechiel findet es nicht einmal nötig, sein zur Verwirklichung durch das heimgekehrte Volk bestimmtes Gesetz, das doch an gar manchen Punkten dem Herkommen widersprach, gegenüber früherem Gottesworte zu rechtfertigen. Die Propheten fühlen sich als dem „Propheten“ Mose (Hosea 12, 14) ebenbürtig. Wohl heisst es am Schlusse der Thora (5 M. 34, 10): „Es stand kein Prophet mehr auf in Israel wie Mose.“ Aber es wird sogleich hinzugefügt, worin ihm keiner ähnlich war, nämlich in dem persönlichen Verkehr mit Gott und den Wundern, die Gott durch ihn that. Was die Autorität des Wortes anlangt, so stehen alle wahren Propheten Mose gleich. Das deuteronomische Gesetz sagt 5 M. 18, 15 ff. ausdrücklich, dass Gott, den Bitten des Volkes nachgebend, das die eigene Stimme Gottes aus dem Feuer nicht mehr vernehmen wollte, Propheten (נָבִיא ist hier Collectivum) wie Mose erwecken werde, denen das Volk dann unverbrüchlichen Gehorsam schuldet. Dies Wort bezieht sich zunächst nicht auf irgend welchen einzelnen Propheten besonderer Grösse, auf den es ja mit Recht im vollsten Sinne angewandt werden müsste, sondern, wie der Zusammenhang zeigt, auf jeden Propheten, der nicht bloss vorgeblich, sondern wirklich in Jahves Namen redet. Danach und nicht nach irgend welchen vorgefassten Meinungen ist dann die Stellung der Propheten zur geschriebenen Thora zu beurteilen. Maleachi erweist sich eben dadurch als letzter Prophet, dass er nicht für sein Wort, sondern für die auf dem Horeb gegebene Thora Moses, des Knechtes Jahves, am Schlusse seines Buches (Kap. 3, 22) Beachtung und Gehorsam fordert. Sobald aber der Prophet mit dem Priester Esra und den sein Werk unterstützenden rechtskundigen Leviten (Esra 8, 16; Neh. 8, 7. 9) darin einig wurde, dass die geschriebene Thora nicht nur zur Grundlage der Beeinflussung des Volkes zu machen, sondern das Volk auch in ihren Wortlaut einzuführen sei, ohne eine Ergänzung oder neue Gestaltung derselben durch neue göttliche Sendung zu erwarten oder für möglich zu halten, war es natürlich, dass man sich nun an ihren Buchstaben gebunden fühlte und ihm eine Autorität beimass, welche den Gesetzeslehrern nicht erlaubte, bei veränderten Verhältnissen aus dem Prinzip der Thora herausneue Rechtssätze zu ermitteln. Auch die unumgänglichen von den Behörden Israels neu getroffenen Anordnungen mussten wie immer möglich in den Buchstaben der Thora, welche 5 M. 4, 2 jede Hinzufügung oder Streichung streng verbietet, hineingelegt werden.

Diese buchstäbische Behandlung der Thora, welche übrigens von der priesterlichen Gesetzesrecension in derselben weder vorausgesetzt noch empfohlen wird, wurde selbst der Anlass, dass manches ihrer Worte einen neuen Sinn gewann. Was vom Namen Jahves als dem Symbol und Repräsentanten Jahves gesagt war, beschränkte man auf das blosse gesprochene oder geschriebene Wort. Von diesem Standpunkte aus gelesen, gewannen die Aussprüche von 2 M. 20, 7, 3 M. 22, 32, 5 M. 28, 58 eine ganz andere Bedeutung. Sie schienen sich gegen das blosse unveranlasste „in den Mund nehmen“ des göttlichen Namens zu richten. Die dafür angedrohten Strafen, wenn auch keinem irdischen Gerichtshof übertragen, waren die furchtbarsten. 2 M. 20, 7 wird dem Gebot die warnende Begründung hinzugefügt: „denn nicht wird lossprechen (לֹא יְנַקֶּה) Jahve den, der Seinen Namen zu Nichtigem ausspricht.“ Die LXX übertragen: οὐ γὰρ μὴ καθαρίσῃ κύριος. Jesus Sirach hat ἀπὸ ἁμαρτίας οὐ μὴ καθαρισθῇ und οὐ δικαιωθήσεται (Kap. 23, 10. 11), Targum Onkelos und Pechita לָא מְזַכֵּי „nicht wird gerechtsprechen, rechtfertigen“, was Targum jeruschalmi I näher erläutert durch Hinzufügung von בְּיוֹם דִּינָא רַבָּא „am Tage des grossen Gerichts“. Für den falschen Eid aus Unwissenheit giebt es nach 3 Mose 5, 4 ff. ein sühnendes Opfer. Leichtfertige Aussprache des Jahvenamens aber kontrahiert eine durch kein irdisches Mittel tilgbare Schuld. Welchen Eindruck jenes לֹא יְנַקֶּה der Thora auf die Juden machte, sieht man aus der Eidesverwarnung, wie sie Tosephta, Sota 7, 2 vgl. Talmud, Schebuoth 38[a] vorgeschrieben wird. „Wisse“, sollen die Richter dem Schwörenden sagen, „dass die ganze Welt erzitterte, als gesagt ward: ‚Du sollst den Namen Jahves nicht zu Eitelem aussprechen.‘ Von allen Übertretungen, welche die Thora sonst nennt, heisst es: וְנִקָּה ‚und er wird rein‘ (2 M. 21, 19), von dieser aber לֹא יְנַקֶּה ‚Er wird nicht rechtfertigen‘.“ — Es ist für das rabbinische Recht feststehender Grundsatz, dass für Entweihung des göttlichen Namens in diesem Leben keine Sühne vorhanden ist. „Wer ein [geringeres] Gebot übertritt und Busse thut, wird erst schuldfrei, wenn man ihm vergiebt; wer ein [geringeres] Verbot übertritt und Busse thut, findet durch die blosse Busse nicht Versöhnung, sondern die Busse schiebt [die göttliche Bestrafung] nur auf, und der Versöhntag versöhnt; wer mutwillig Sünden ausübt, auf welche Ausrottung oder Hinrichtung gesetzt ist, und Busse thut, dem kann die Busse nicht Aufschub verschaffen und der Versöhntag nicht Versöhnung, sondern Busse und Versöhntag versöhnen zur Hälfte, und Leiden vollenden die Versöhnung; wer aber den Namen des Himmels entweiht und Busse thut, dem kann weder die Busse Aufschub erwirken, noch der Versöhntag Versöhnung, noch die Leiden völlige Tilgung, sondern Busse und Versöhntag schaffen nur Aufschub, und die Leiden nur in Verbindung mit dem Tode tilgen wirklich die Schuld." So Mechilta zu 2 M. 20, 7, Tosephta Joma 5, 6, Talmud jerusch. Joma 8, 8, babli Joma 86[a]. Die Rabbinen beschränken ja im Einklang mit der älteren Tradition 2 M. 20, 7 vorwiegend auf den Eid. Aber ihr eigener Rechtssatz, dass es verboten sei, den göttlichen Namen לְבַטָּלָה „zwecklos" auszusprechen, für den sie vergeblich nach einer passenden Thoragrundlage suchen, welche Raschi zu Temura 4[a] und Maimonides in Mischne Thora Hilchoth Schebuoth 12 in 5 M. 28, 58 zu finden meinen, lässt sich doch nur aus 2 M. 20, 7, wo die Rabbinen selbst, wie Jesus Sirach, לַשָּׁוְא auf zwecklose, unveranlasste Aussprache des göttlichen Namens deuten, befriedigend herleiten. Verstand man aber einmal 2 M. 20, 7 von der Aussprache des göttlichen Namens ohne besondere Absicht, so war Grund genug vor der dort angedrohten Strafe und den entsetzlichen Fluchworten von 5 M. 28, 59 ff. zu erschrecken. Unter den beiden meistgebrauchten Gottesbezeichnungen יהוה und אֱלֹהִים war nur die erstgenannte dem Gotte Israels eigentümlich; auch wird mit Ausnahme eines einzigen שֵׁם אֱלֹהִים in dem elohimischen Psalm 69 immer nur שֵׁם יהוה gesagt, dem entsprechend, dass יהוה ja allein wirklicher „Name", von anderen Personen unterscheidende Selbstbezeichnung Gottes war. Dann war es also der Name Jahve, der vor jedem entweihenden Gebrauche ängstlich gehütet werden musste.

Noch von einer anderen Seite wurde diese Entwickelung der Dinge unterstützt. Die wachsende Scheu vor dem Gebrauch des Gottesnamens hing zusammen mit der in derselben Zeit sich vollziehenden Steigerung der Scheidung zwischen Welt und Gott, dessen Erhabenheit ihm kaum noch einen unmittelbaren Verkehr mit den Menschen zu gestatten schien.

Einen leisen Anfang dieser Steigerung beobachten wir in der priesterlichen Quelle des Hexateuchs, diesem neuerdings vielfach verkannten Buche, das doch in Wirklichkeit zu den älteren Pentateuchquellen sich ebenso verhält wie das Johannesevangelium zu den Synoptikern als das strenge und erhabene Hauptgesetz des Alten Bundes gegenüber dem innigen, zarten Hauptevangelium des Neuen, eine Fiktion nur für die, welche in den Äusserlichkeiten der geschichtlichen Erscheinung ihr Wesen sehen. Im Priestergesetz ist יהוה vor allem der, welcher als der Heilige und Israel Heiligende verlangt, dass sein Volk heilig sei (3 M. 11, 44 f. 19, 2) und seinen heiligen Namen nicht entweihe (3 M. 22, 32), dessen Wohnung nur mit vorsichtiger Scheu und nicht ohne sein besonderes Geheiss (2 M. 28, 35. 43. 3 M. 16, 2) betreten werden darf. Zur Heiligung gehört aber strenge „Scheidung" zwischen dem „Gemeinen" (חול) und dem „Heiligen" (קֹדֶשׁ) (3 M. 10, 10. 20, 26). Für das Priestergesetz ist Heiligung gradezu nichts anderes als Aussonderung, und die Forderung, dass ebenso wenig „Gemeines", d. h. dem gewöhnlichen, profanen Leben Angehöriges, in heiligen Gebrauch, als Heiliges in profanen Gebrauch komme, zieht sich durch alle seine Bestimmungen als der zu Grunde liegende Gedanke hindurch. So streng wie Israel auf Grund seiner Aussonderung aus den Völkern durch Jahve sich selbst von ihnen scheiden soll, so streng soll innerhalb Israels alles, was Jahve angehört, wiederum getrennt werden von dem, was Gottes specieller Besitz nicht ist. Von diesem Standpunkte aus schien auch eine göttliche Erscheinung in schaubarer Gestalt schwer mit Gottes überweltlicher Majestät zu vereinen. Dem, was die Geschichte Adams, der Erzväter und Mose's in dieser Richtung enthielt, wurde vom Priesterbuche eine andere Form gegeben, in welcher die irdische Erscheinung Gottes hinter dem dem Menschen sich kundgebenden göttlichen Worte verschwand, vgl. 1 M. Kap. 1 mit Kap. 2. 3; Kap. 17 mit Kap. 18; 2 M. Kap. 6 mit Kap. 3, eine Schreibweise, welche später philosophisch beeinflusste Ausleger veranlasst hat, von einer von Gott geschaffenen Stimme zu reden, welche sich in solchen Fällen vernehmbar gemacht habe. Mit diesem Charakter der

Priesterthora stimmt überein, dass, während kein vorexilischer Prophet sich für seine Schauung auf Vermittelung von Engeln beruft, dies bei Ezechiel, Sacharja und Daniel sich findet. Wir sehen in alledem keineswegs bloss Zeichen menschlichen Fortschrittes von unvollkommener zu höherer Gottesvorstellung, sondern Spuren der von Gott gewirkten sich steigernden Selbstoffenbarung seines „unsichtbaren" Wesens (τὰ ἀόρατα αὐτοῦ Röm. 1, 20 vgl. Kol. 1, 15, 1 Tim. 1, 17), des Wesens des Gottes, „der da wohnet in einem Licht, da niemand zukommen kann, welchen kein Mensch gesehen hat, noch sehen kann" (1 Tim. 6, 16). Ehedem fürchtete man Gott, jetzt nennt man zuweilen die Gottesfürchtigen solche, welche vor dem Worte Jahves zittern (הַחֲרֵדִים אֶל־דְּבָרוֹ Jes. 66, 2. 5 vgl. Esra 9, 4. 10, 3). An der Scheu vor dem Unnahbaren, die beim Volk allmählich einen fast abergläubischen Charakter angenommen haben muss, bekam auch sein Name einen besonderen Anteil. Man wünschte sich mit ihm nicht zu thun zu machen. So kam eine im Volke selbst sich ausbreitende Denkweise den Forderungen des Gesetzes, wie die Schriftgelehrten es verstanden, entgegen und verhalf ihnen zur Anerkennung. Und allerdings wird das beim Morgenländer noch heut das tägliche Leben durchziehende Schwören als die Hauptgelegenheit zum Gebrauche eines Gottesnamens das Gebiet gewesen sein, auf welchem vorzugsweise die Entweihung eines solchen in Frage kam. Der Zeit, für welche das „Machet einen Zaun um die Thora" der Mischna, Pirke Aboth 1, 1 gilt, lag es nahe, auch das Verbot des Missbrauchs des Namens Jahves durch eine darüber hinausgehende Verordnung vor Übertretung zu schützen. Die Nichtaussprache von יהוה, welche die Entweihung dieses Eigennamens Gottes unmöglich zu machen schien, war ein Zaun rabbinischer Sorge um die Erfüllung des Gebotes von 2 M. 20, 7.

Bei der vom Gesetze geforderten strengen Scheidung des Heiligen und Gemeinen, wonach alles Gott im besonderen Sinne Eigene in sein Heiligtum gehörte und nur dort zu verwenden war, schien es selbstverständlich, dass Gottes „heiliger Name", das seiner Person am nächsten Stehende, was überhaupt auf Erden vorhanden ist, auch nur dem Heiligtume angehöre, wo er allein die ihm entsprechende Umgebung hat und nur von denen gesprochen wird, welche durch besondere Weihe an göttlicher Heiligkeit selbst Teil bekommen haben. Der an die Priester gerichtete Befehl, Jahves Namen bei der Benediktion auf das Volk zu legen (4 M. 6, 27) schien denselben das Privilegium alleiniger Aussprache des göttlichen Namens ausdrücklich zu bestätigen. Einem Wandel auf dem Gebiete der Gottesbenennung war aber günstig, dass zu derselben Zeit die Sprache der heiligen Bücher aus dem Volksleben verschwand und durch das Aramäische, vielfach aber auch durch das Griechische ersetzt wurde. Es war weniger die Frage, ob man überhaupt weiter יהוה sprechen solle, sondern ob das hebräische יהוה in den aramäischen bez. griechischen Sprachgebrauch aufzunehmen sei. Und es war gleichzeitig zu überlegen, ob man, sobald Israel in den Weltverkehr eingetreten war, einen Israel allein eigentümlichen und verständlichen Gottesnamen brauchen sollte, welcher immer den Schein erwecken musste, als handle es sich wirklich nur um einen jener nationalen Sondergötter, denen die Heiden den Gott Israels beizuzählen pflegten. In Israel selbst war ja die von den Propheten längst verkündete Wahrheit[1], dass die Götter der Heiden nicht etwa doch überirdische, wenn auch vielleicht Jahve nicht gleichkommende Mächte seien, sondern dass sie als Götter überhaupt nicht existieren, endlich zur allgemeinen Anerkennung gekommen. Jetzt war man überzeugt, dass nur Jahve Gott und der Herr der Welt sei. Diese Überzeugung drängte, auch abgesehen von dem Verkehr mit den Heiden, zu einer ihr völlig entsprechenden Gottesbezeichnung.

Wie sollte man nun statt יהוה den in Israel offenbar gewordenen Weltschöpfer und Gott benennen? Nur zwei Möglichkeiten wurden vom alten hebräischen Sprachgebrauch durch die nach יהוה vorwiegend üblichen Gottesbezeichnungen אלהים und אדני dargeboten. Für beide liessen sich entsprechende aramäische und griechische Ausdrücke sehr wohl verwenden.

Beide sind darum in einen gegen früher erweiterten Gebrauch gekommen. Aber nur das letztere empfahl sich als Ersatz für יהוה, zumal wenn ein Anlass vorlag, ihn ausdrücklich als den zu bezeichnen, der, obwohl Gott über Alles, doch Israel erwählt und zum besonderen Eigentume gemacht hat. Denn אדני ist eben der von dem Israeliten, der diesen Namen brauchte, verehrte Gott, dem er sich als Knecht verpflichtet weiss. Keiner, der ihn nicht anerkennt, kann ihm diesen Namen geben, während es keinem Heiden schwer fiel, Jahve als „Gott“ zu benennen. אדני wurde auch dadurch als Ersatz für יהוה empfohlen, dass es im Alten Test. so oft als Einführung dieses Namens erscheint, ähnlich wie הַשֵּׁם hie und da bei den Juden, häufig bei den Samaritanern, יהוה vertreten konnte, weil שֵׁם יהוה im Alten Test. die stehende Verbindung war. Zu gleicher Zeit wird angenommen werden müssen, dass die Bedeutung des Suffixes im Schwinden begriffen war, nicht, weil man sie nicht gekannt hätte, sondern weil das Interesse nicht bestand, der persönlichen Beziehung zu Gott, sondern dem Glauben an seine Herrenstellung einen Ausdruck zu geben. Nicht seinen Herrn wollte man benennen, sondern „den HErrn“. Das Volk kannte ja auch dies אדני mehr aus der heiligen Litteratur, als aus eigener Anwendung. Der häufige Gebrauch des Wortes besonders bei Ezechiel musste bei denen, welchen Denk- und Redeweise der Propheten fremd geworden war, nicht wenig dazu beitragen, das Suffix in seinem Werte abzuschwächen und אדני als eine Gottesbezeichnung wie das blosse אלהים oder אל erscheinen zu lassen. Das blosse האדון hätte vielleicht dem Zwecke auch dienen können, wenn man sich nicht dadurch vom gewöhnlichen Gebrauche der ehrfurchtsvollen Rede zu und von Respektpersonen, dem אדני doch ursprünglich angehörte, zu weit entfernt hätte.

Die Thatsache, dass יהוה sogar bei der Lesung der heiligen Schriften durch אדני ersetzt wurde, scheint auffallend. Man sollte meinen, hier sei doch der heilige Name vor Entweihung geschützt gewesen. Sie erklärt sich allein dadurch, dass die

Beschränkung des Namens auf den Gebrauch im Tempel und zwar durch die Priester das durchschlagende Motiv bei jener Wandelung gewesen ist. Die Gesetzeslehrer oder wer sonst der Gemeinde die Thora vorzutragen pflegte, hatten dann kein Recht zur Aussprache des Jahvenamens, zumal diese Lektionen für gewöhnlich nicht im Tempel, mit dessen Dienst sie nichts zu thun hatten, sondern in den damals entstehenden Synagogen stattfanden. Wenn die Priester wirklich damals auch bei dem Synagogalgottesdienst die Benediktion vollzogen, was mir sehr zweifelhaft scheint, so waren sie durch dieselbe Ordnung gebunden, und eines besonderen Verbots der Segensprechung mit „dem Namen“ ausserhalb des Tempels bedurfte es nicht. Dass 4 M. 6 die Benediktion nicht für den synagogalen Gottesdienst anordnete, musste ja von vorn herein feststehen.

Dem so zum göttlichen Eigennamen gewordenen אדני musste nun die Bedeutung des Suffixes vollends schwinden. Man brauchte es, wo nicht die geringste Veranlassung zur Betonung des Suffixes vorlag, und wurde bei der Schriftlektion gezwungen, es sogar im Munde Gottes erscheinen zu lassen. Die spätere Meinung, dass die Endung von אדני überhaupt nicht pronominal sei, mag deshalb dem Gefühle des Judentums schon in sehr alter Zeit entsprochen haben. Das zeigen die alten Übersetzungen des Alten Testaments, welche jene Übertragungen von אדני mitteilen, die vornehmlich bei der synagogalen öffentlichen Deutung des Bibeltextes üblich geworden waren.

Im Aramäischen entspricht nun רִבּוֹן oder מָרֵא bez. מָר dem hebräischen אדני. מָרִי erscheint im Targum auch wirklich da, wo der Zusammenhang eine ausdrückliche Übertragung des Suffixes nötig machte, wie Ps. 35, 23. Sonst wurde, wie es scheint, das hebräische אדני in den aramäischen Sprachgebrauch der Juden aufgenommen. Doch haben die mehr an die wirkliche Volkssprache sich anschliessenden jerusalemischen Targume zuweilen für יהוה oder אדני das aus dem Griechischen entlehnte קִירִים (Ps. 97, 10. 114, 7) oder רִבּוֹן עָלְמָא (Jer. I zu 1 Mose 14, 13, Micha 4, 13, 6mal im Targum zum Hohenlied), auch

רִבּוֹן כָּל־עָלְמַיָּא (Jer. I zu 1 Mose 18, 30. 32), oder endlich מָרֵי עָלְמָא (Jer. I zu 1 Mose 9, 6, 19mal im Targum zum Hohenlied). Diese letzteren Ausdrücke werden, wie auch aus der alten rabbinischen Litteratur zu schliessen, neben anderen Gottesbezeichnungen, deren Landau in „Die dem Raume entnommenen Synonyma für Gott“ S. 6 ff. nicht weniger als 57 aufführt, im gewöhnlichen Leben gebraucht worden sein, während das alte אדני dem feierlichen Vortrag der heiligen Schrift und ihrer Erklärung verblieb. In welchem Umfang das blosse מָר in der jüdischen Volkssprache von Gott gebraucht wurde, ist nicht zu entscheiden. Die Samaritaner jedenfalls haben nach ihrem Targum zum Pentateuch sowohl מרי als רבי von Gott gebraucht, אדני dagegen, obwohl sie אדון von Menschen brauchen, unterdrückt. Das syrische Neue Testament und das Evangeliarium Hierosolymitanum beweisen nur, dass in christlichen aramäischredenden Kreisen מָרְיָא, Emph. von מָרֵא, der gangbare Ersatz für יהוה und אדני gewesen ist. Neben ܡܳܪܝܳܐ hat die syrische Übersetzung des Alten Testaments als Übertragung von אדני יהוה und יהוה אדני sehr häufig ܡܳܪܶܐ ܡܳܪ̈ܘܳܬܳܐ, eigentlich Übersetzung von אֲדֹנֵי הָאֲדֹנִים (vgl. 5 M. 10, 17 hebr. und syr.). Die griechischredenden Juden brauchten nach der gesamten griechisch-jüdischen Litteratur jener Zeit statt יהוה und אדני κύριος, in seltenern Fällen, z. B. 1 M. 15, 2. 8, δεσπότης. Codex Alexandrinus verwendet mit Vorliebe für אדני יהוה ἀδωναΐ κύριος, was wohl kaum altem Gebrauche entsprach.

Jetzt lag es auch nahe, die so häufig gebrauchte Gottesbezeichnung als solche so kenntlich wie möglich zu machen, was dadurch geschah, dass die pluralische Form für den heiligen Gebrauch reserviert und das singularische אֲדֹנִי dem profanen Gebrauche zugewiesen wurde. Diese künstliche Differenzierung liess sich durchführen, weil sie nur auf die Schriftlektion Bezug hatte. Der aramäische Sprachgebrauch mit seinem singularischen רִבּוֹנִי (1 M. 23, 15 Onk.) und מָרִי (2 K. 5, 13 Jon.) war dem ohnedies günstig. Auffallend ist, dass, soviel ich finde, das im alttestamentlichen Hebräisch so bräuchliche אדני der

Höflichkeitsanrede im rabbinischen Hebräisch der älteren Zeit völlig verschwindet und erst in der nachtalmudischen Zeit wieder auftaucht. Es scheint, als hätte das in den hebräischen Gebrauch aufgenommene aramäische רִבּוֹן das althebräische אָדוֹן, das sich nur bei den Samaritanern findet, völlig verdrängt. Die Unterscheidung von profanem pluralischen אֲדֹנִי (nur 1 M. 19, 2) und heiligem אֲדֹנָי, das immer als Pausalform gelesen werden sollte, damit dem Gottesnamen die ihm gebührende Auszeichnung zu teil werde, könnte sich wohl schon vor der Vokalisation des Bibeltextes herausgebildet haben. Es giebt aber keinen dies feststellenden Beweis. Zu bemerken ist vielmehr, dass die Syrer das von ihnen zuweilen angewandte ܐܕܘܢ oder ܐܕܘܢܝ in der letzten Silbe mit kurzem *a* gesprochen haben, s. die Stellen bei Payne Smith. Sie hätten also diese Aussprache noch von den Juden überkommen. Ebenso wenig lässt sich sagen, wann zum ersten Mal im Bibeltexte יהוה mit den Vokalen von אֲדֹנָי versehen wurde. Im Petersburger Prophetenkodex ist das alleinstehende יהוה niemals vokalisiert, ausgenommen am Anfange, wo es 2 mal (Jes. 1, 2. 4) mit tiberiensischer Vokalisation erscheint. Nur in אדני יהוה wird יהוה mit den Punkten von אלהים versehen. Dass das Schwa der ersten Silbe von יְהוָה, welches nach Teschubath ha-Geonim (Amsterdam 467-1707) Rabbinen des siebzehnten Jahrhunderts veranlasste, das für יהוה zu lesende אדני *edonaj* auszusprechen, der Vereinfachung wegen statt Chateph Pathach geschrieben worden sei (so Böttcher, Oehler), ist bei der Art der jüdischen Vokalisatoren bei einem Gottesnamen am wenigsten glaublich. Es dürfte bei diesem Wort eine ältere Form der tiberiensischen Vokalisation vorliegen, in welcher ebenso wie in der älteren babylonischen noch kein Chateph vorhanden war. Man vergleiche in Merx, Chrestomathia Targumica in den dort mitgeteilten babylonisch vokalisierten Stücken S. 11. 68 das nachträglich tiberiensisch vokalisierte יְיָ bez. יְיָ und S. 114 יְיָ mit babylonischem, auch für Chateph-Pathach gebrauchten Schwa und Kamez. Die einmal stereotyp gewordene Vokalisation wagte man später nicht mehr zu ändern, zumal יֱהוָה (das indes in Codex Tschufutkale 8[a] sich findet, s. Baer-Delitzsch, Liber Jobi S. V) für das Auge beleidigend erschien. Bei dem exceptionellen אֲדֹנָי יֱהוִֹה wog das letztere Bedenken geringer.

Nach der Zeit der Aussergebrauchstellung von יהוה können nur die Bücher des Alten Testaments befragt werden. Die sich an sie anschliessende hebräische Litteratur der drei Jahrhunderte um die Geburt Christi erlaubt in den jetzt allein vorliegenden griechischen, lateinischen, äthiopischen, syrischen Übersetzungen keinen Schluss auf die ursprüngliche Schreibweise. Die jüngsten Bücher des Kanons sind, wie wir meinen, nicht Joel und Sacharja II und III, sondern das grosse priesterliche Geschichtswerk (Chronik-Esra-Nehemia), welches, wie die priesterliche Quelle des Hexateuchs im allgemeinen für die in Kanaan um das Heiligtum Jahves koncentrierte Gottesgemeinde Israels die historische, Gott-gegebene Basis nachweist, so das Juda des nachexilischen jerusalemischen Tempels im speciellen historisch zu rechtfertigen unternimmt (sicherlich nicht ohne Seitenblick auf die Samaritaner, die in dem am Schlusse des Buches erwähnten Schwiegersohne Sanballats, welchen Nehemia wegen Gesetzesübertretung aus Jerusalem ausweisen musste, den Begründer ihres Gottesdienstes auf Garizim sahen) — dann die Bücher Esther, Koheleth und Daniel. In der Chronik erscheint, wie Driver, Critical Notes on the International Sunday-School Lessons from the Pentateuch (New York 1887) S. 82 Anm. bemerkt, oft אלהים in den aus dem Königsbuch entlehnten Stücken, wo die Quelle יהוה hatte. Es scheint, als würde der Schreiber den Namen אלהים vorgezogen haben, wenn er geschrieben hätte, ohne von Vorlagen abhängig zu sein. Das Estherbuch enthält gar keinen Gottesnamen, das Buch des Predigers nur אלהים, niemals יהוה, das Buch Daniel, abgesehen von einem אדני in Kap. 1, nur in Kap. 9 יהוה und אדני, sonst immer אלהים bez. אלה. Dies alles ist sicherlich nicht zufällig. Die priesterliche Hexateuchquelle, in welcher das bis 2 M. 6 vorwiegende אלהים nur dem Interesse historischer Genauigkeit entstammt, gehört nicht hierher. Dagegen sollte der Psalter herangezogen werden, in dessen Mitte eine Reihe von Psalmen eingefügt ist, welche den Gottesnamen אלהים zwar nicht durchgängig, aber vorwiegend brauchen, vgl. die Tabelle bei Delitzsch, Symbolae ad Psalmos illustrandos (Leipzig 1846) S. 3. Aber die Frage nach der Abfassungszeit dieser Lieder, wenn man einmal von den mit Einer Ausnahme einstimmig in David-Salomos Zeit[1] weisenden Angaben der Überschriften mit sämtlichen neueren Forschern aller Richtungen abweicht, ist eine ausserordentlich schwierige, und ebenso schwer ist zu entscheiden, wie weit der Gebrauch der Gottesnamen in denselben den Verfassern oder einem Redaktor angehört. Doch mag bemerkt werden, dass die elohimischen Psalmen, welche von Ps. 42—87 zu rechnen sein werden, 29 mal אֲדֹנָי haben, während in sämtlichen übrigen Psalmen der gleiche Gottesname nur 25 mal erscheint. Dass eine Zunahme des Gebrauches von אדני nicht zu beobachten ist, dasselbe vielmehr in den spätesten Büchern nahezu verschwindet, ist erklärlich, wenn man bedenkt, dass die Schreibung des heiligen Namens auch später nicht ebenso vermieden wurde, wie seine Aussprache. Nach den Abfassungszeiten der oben besprochenen Bücher zu schliessen, muss gesagt werden, dass eine Bewegung auf die Unterdrückung des Jahvenamens hin jedenfalls seit dem Anfang des dritten vorchristlichen Jahrhunderts zu beobachten ist; und, da, wie früher bemerkt, zur Zeit Philos keinerlei Bewusstsein eines früheren allgemeinen Gebrauches des Jahvenamens mehr bestand, muss die Vertauschung von יהוה und אדני doch im zweiten vorchristlichen Jahrhundert schon vollendete Thatsache gewesen sein.

---

1 David ist als Autor des Psalters ebenso Apgesch. 4, 25 wie Hebr. 4, 6 vorausgesetzt, und gilt als solcher sowohl der alten Kirche (Melito von Sardes und Hieronymus), wie der Synagoge (s. meine Traditio Rabbinorum veterrima S. 44 ff.), welche David ausdrücklich sämtliche Psalmen schreiben lässt, nicht „durch“ zehn Älteste, wie ein Recensent der citierten Schrift im Jüd. Litteraturblatt behauptete, sondern „für“ sie, in ihrem Namen, wofür der Gebrauch von עַל יְדֵי in Mischna, Baba mez. 7, 9 und Gemara, Gittin 67[b] zu vergleichen ist.

Die Verdrängung des Jahvenamens und das Eintreten von אדני für denselben, das ja zum Teil bloss eine Folge übertriebener und fast abergläubischer religiöser Ängstlichkeit gewesen ist, war nichts desto weniger für den Fortschritt der auf Christum hinzielenden Geschichte des Alten Bundes von nicht zu unterschätzender Bedeutung. Ebenso wie die erst nach dem babylonischen Exile dauernd praktisch durchgeführte Einheit der Opferstätte der Anlass wurde zur Entstehung zahlreicher Gebetsstätten, in denen der Glaube Israels weit über die Grenzen Palästinas hinaus Centren erhielt, um welche auch die Heiden sich schaarten, so diente auch die Beschränkung des Jahvenamens auf den Tempel mit dazu, dass der Gott Israels als Herr der Welt seinen Siegesgang durch die Völker beginnen konnte. Der Name יהוה in seiner geheimnisvollen Bedeutung musste an die Unerfassbarkeit und Undurchschaubarkeit des überweltlichen Gottes immer aufs neue erinnern. Der Name אדני dagegen drückte allgemein verständlich das Verhältnis des offenbar gewordenen Gottes zur Welt aus. So lange die göttliche Offenbarung sich noch in den engen Grenzen einer Volksgemeinde bewegte, war ein Eigenname am Platz, durch welchen der zu Israel in Beziehung getretene sich von den Göttern anderer Völker unterschied. Sobald das Gottesreich aus dem Kreise „des Volkes" unter „die Völker" trat, musste der Eigenname fallen. Als der, welcher göttliche Würde und allumfassende Herrschaft allein besitzt und das in Wirklichkeit hat, was allen andern Göttern fälschlich zugeschrieben wird, der deshalb auch von allen mit Recht Gehorsam fordert, musste er ihnen gegenübertreten. So wie damals an Stelle des Israeliten der Mensch Objekt des göttlichen Heilswerkes zu werden begann, so auch an Stelle Jahves „der HErr" Haupt und Vollführer desselben. Das Schwinden der Bedeutung des Suffixes von אדני war bei diesem Namenwechsel durchaus notwendig. Der Gott, den das Danielbuch als „Gott der Götter" (2, 47. 11, 36) und als „Herrn des Himmels" (5, 23) bezeichnet, wurde auch dadurch aus dem Gotte, auf welchen der Israelit sich beruft, zu dem „HErrn", dem alle Welt sich beugen muss. Als κύριος ist Israels Gott der Völkerwelt verkündigt worden. Mit diesem Namen, den die Kirche nicht ohne Grund in die Denkmäler der Geschichte der Offenbarung Gottes im Alten Bunde, dessen Ziel das für sie wichtige ist, zurückzutragen pflegt und mit Unrecht wiederum durch Jahve oder Jehova ersetzen würde, rufen die Völker noch heute Ihn an.

VIII. DER HERRENNAME UND CHRISTUS.

Im Herrennamen berühren sich Alter und Neuer Bund — nicht zwar, als hätten die Jünger und die erste Kirche Jesum אֲדֹנָי genannt. Auch nicht אֲדֹנִי kann das Übliche gewesen sein, da die aramäische Umgangssprache dieses Wort nicht hatte. Nach Mark. 10, 51, Joh. 20, 6 ist Jesus zuweilen ῥαββουνί angeredet worden, was dem רִבּוֹנִי (eigentl. „mein Gebieter“, nicht „mein Lehrer“, wofür רַבִּי und רַבָּנִי) entspricht, womit das Targum das אֲדֹנִי der höflichen Anrede wiederzugeben pflegt. Die während des irdischen Lebens Jesu gewöhnliche Anrede war indes sicherlich nicht רִבּוֹנִי, sondern רַבִּי (Mark. 9, 5. 11, 21. 14, 45) = διδάσκαλε[1] und מָרִי = κύριε, welches letztere sicherlich besonders in Galiläa gern auch in aramäischer Rede in der Form קִירִי gebraucht wurde. Nur מָר ist in מָרָא „der Herr“ und מָרַן bez. מָרַנָא „unser Herr“ in den Gebrauch der Kirche übergegangen. Dafür zeugt jenes μαρανα θά „unser Herr, komm!“[2] am Schlusse des ersten Korintherbriefes und des Gebetes beim Herrenmahle in der Apostellehre, dann auch der Sprachgebrauch der alten syrischen bez. aramäischen Über-

---

[1] Doch mag beachtet werden, dass die Samaritaner, wie aus dem stehenden Gebrauch in ihrem Targum zu ersehen, für das gewöhnliche „Herr“ רב, in der Anrede רבי (oder auch רבאי 4 M. 11, 28. 12, 11) zu sagen pflegten, wonach רבי, das sie ja auch von Gott brauchen, schwerlich schon den Gesetzeslehrern allein eigene Anrede gewesen sein wird. ‖ [2] Kautzsch,

setzungen des Neuen Testaments. Die Peschita hat ܡܪܢ „unser Herr“ auch an Stellen, wo der griechische Text blosses ὁ κύριος aufweist, wie Luk. 17, 5. 18, 6. מָרָא dagegen schreibt durchgehends das christlich-palästinische Evangeliarium Hierosolymitanum. מָרַנָא wiederum findet sich in der talmudischen Anspielung auf Jesus, Aboda sara 11ᵇ.

Einzigartig ist die Verbindung χριστὸς κύριος Klagel. 4, 20, Psalmen Salomos 17, 36[1], Luk. 2, 11. An der erstgenannten Stelle ist κύριος, wie A. Geiger in Jüd. Zeitschrift VI S. 240 bemerkt, sicherlich nur Änderung eines christlichen Abschreibers für das ursprüngliche κυρίου entsprechend dem מְשִׁיחַ יהוה des hebräischen Textes. In Bezug auf Ps. Sal. 17, 36 wird von Ewald, Geschichte Israels III, 2 S. 344, Ed. Ephr. Geiger, Der Psalter Salomos (1871), Wellhausen, Die Pharisäer und die Sadduzäer (1874) zu Ps. 17, 36, Stanton, The Jewish and the Christian Messiah S. 116 Anm. 4 ebenfalls mit Recht vermutet, dass es nur ungenauer Übertragung des originalen מְשִׁיחַ יהוה seinen Ursprung verdanke, welches dann in Ps. 18, 8 infolge von 18, 6 richtig χριστὸς κυρίου übersetzt wurde. Bei Lukas liegt dieselbe Vermutung nahe. Denn das sonst nur in der Offenbarung vorkommende χριστὸς κυρίου findet sich bei Lukas 2, 26. 9, 20. Das Evangeliarium Hierosol. übersetzt auch demgemäss 2, 11 (vgl. 2, 26) מְשִׁיחָה דְּמָרְיָא = Messias des HErrn. Doch konnte Lukas bei der ersten Erwähnung des für den nichtjüdischen Leser unverständlichen Χριστός diesen erklärenden Ausdruck absichtlich angewandt haben. Hier wäre κύριος natür-

---

Bibl.-aram. Grammatik S. 174 macht mit Unrecht gegen Bickell geltend, dass μαραναθά nicht gleich ἔρχου κύριε Ἰησοῦ (Offenb. 22, 20) sein könne, weil αθα dann für אֱתִי stehen müsse. Der paläst.-aram. Imperativ von אתא heisst immer אתא (איתא), was אֱתָא zu vokalisieren sein wird, vgl. Merx, Chrestomathia Targumica S. 18 und für das Aramäische der palästinischen Christen Nöldeke, ZDMG XXII S. 497. μαραναθά ist gleich מָרַן (מָרַנָא) אֱתָא. αθά als Perfekt zu fassen „unser Herr ist gekommen“ — wird durch den Zusammenhang beider Stellen widerraten. || [1] In Salomopsalm 17, 36 ist χριστὸς κύριος auch nach dem Zeugnis der Wiener und einer noch unbekannten Pariser Handschrift die richtige Lesart.

lich mehr als eine ehrende Titulatur, wie sie jedem Rabbi zukam. Es ist dasselbe, das Paulus Phil. 2, 11 braucht, wo Jesus als der im Himmel, auf der Erde und in der Unterwelt anzuerkennende Herr in einer Stellung erscheint, in welcher das Alte Testament nur Gott kennt. Jesus ist hier der πάντων κύριος von Apgesch. 10, 36 (vgl. מָרֵי כָלָּא von Gott Talm. Nedarim 22^{b}), was von ἐπὶ πάντων θεός (Röm. 9, 5) nicht weit abliegt, oder auch der βασιλεὺς βασιλέων καὶ κύριος κυρίων von Offenb. 19, 16, vgl. אדני האדנים 5 M. 10, 17, Ps. 136, 3. Und es nimmt nicht Wunder, dass die syrische Bibel das im Alten Testament Gott vorbehaltene ܡܳܪܝܳܐ (ihre Übertragung von אֲדֹנָי und יהוה) im Neuen Testament zuweilen (z. B. Phil. 2, 11, Apgesch. 2, 36) auf Christus überträgt. Neu- und alttestamentliches κύριος fallen hier zusammen, was Cremer, Bibl.-theol. Wörterbuch unter κύριος, infolge ungenügender Berücksichtigung der geschichtlichen und sprachlichen Verhältnisse, zu wenig hervorhebt. Doch hätten die Apostel sich gescheut, Jesum mit hebräischem יהוה oder אדני zu bezeichnen, da diese Ausdrücke sie zu deutlich an den θεὸς ἀόρατος erinnerten. Nur das Bekenntnis des Thomas, in welchem das Johannesevangelium gipfelt (Kap. 20, 28), geht mindestens bis hart an die Grenze. Das feierliche ὁ κύριός μου καὶ ὁ θεός μου (Evang. Hieros. und Peschita ܡܳܪܝ ܘܰܐܠܳܗܝ), nicht bloss κύριε, ὁ θεός μου, wobei κύριε die gewöhnliche Anrede an den Herrn wäre, erinnert zu sehr an Ps. 35, 23, wo אֱלֹהַי וַאדֹנָי von den LXX mit ὁ θεός μου καὶ ὁ κύριός μου, von Targum und Peschita mit אֱלָהִי וּמָרִי wiedergegeben wird (vgl. auch אֲדֹנָי אֱלֹהָי Ps. 38, 16. 86, 12), als dass man umhin könnte, ὁ κύριός μου als Wiedergabe von hebr. אֲדֹנָי zu fassen. Sagt doch auch der Evangelist (Joh. 12, 41), Jesaja schon habe die δόξα Christi, welche er vor Grundlegung der Welt von der Liebe des Vaters erhalten hat (Joh. 17, 24), im Gesichte geschaut, und meint damit den אֲדֹנָי von Jes. 6, 1, für den das Targum יְקָרָא דַיְיָ d. h. eben „die Herrlichkeit des HErrn“ einsetzt.

In dem durch die Liturgie der Kirche vom ersten Anfange an bis heut hindurchklingenden κύριε ἐλέησον vereinigt sich das

יהוה חָנֵּנוּ der Psalmen mit dem Notschrei derer, welche wie das phönizische Weib und die Blinden von Jericho Jesu nachriefen: κύριε, ἐλέησον ἡμᾶς (Matth. 20, 31 vgl. 15, 22), oder, wie es in der Volkssprache Palästinas geheissen haben wird: קְירִי חוּם עֲלַנָא. Voller aber noch klingt das „Hilf uns, lieber HErre Gott", womit Luther in seiner deutschen Litanei das „Libera nos, Domine" des römischen Originals wiedergiebt. יְהוָֹה אֱלֹהִים und אֲדֹנָי יֱהוִֹה finden hier ihr an den Hosiannaruf von Ps. 118, 25 erinnerndes christliches Echo.

* * *

Herrenname und Herrenstellung Christi sind undenkbar ohne die Bewegung von יהוה zu אדני, in welche die Geschichte der wichtigsten der alttestamentlichen Gottesnamen ausläuft. Die Würde des κύριος, in welcher Gott am Ende des Alten Bundes menschlich fassbar vor die Völker trat, ging über an den, in welchem die Fülle der Gottheit leibhafte Gestalt gewann. Der Gottesname Adonaj enthält somit keimhaft das letzte Ziel aller Geschichte, die Vereinigung der gesamten Menschheit unter Ein Haupt, Christus.

BEILAGE.

DIE MASORA ZU ADONAJ.

1. Das Verzeichnis der 134 alleinstehenden אדני, wie es Jakob ben Chajjim in der „grossen Masora“ der rabbinischen Bibel von 1523–28 mitteilte, mir aus der Ausgabe Buxtorfs (Basel 1618—19) bekannt, ist in verschiedener Beziehung mangelhaft. Es beginnt: אדני וודאי ק״לד, ז׳ מנהון לאדני וסימן נמסר בישעיה ריש סי׳ כ״ח, וג׳ מנהון ואדני „Das eigentliche אדני 134 mal, 7 davon לאדני, und ihr Stichwort ist mitgeteilt bei Jesaja am Anfang des 28. Kapitels, und 3 davon ואדני.“ Dementsprechend nennt die Masora marginalis zu Jes. 28, 2 für לאדני folgende 7 Stellen: 1 M. 18, 30. 32; Jes. 28, 2; Mal. 1, 14; Ps. 22, 31; 130, 6; Dan. 9, 9. Für ואדני findet sich die masoretische Angabe bei 2 Kön. 7, 6 in der Notiz der Masora parva: ג׳ כתיבין כן, שכחני (Jes. 49, 14), לרובי (Ps. 35, 23, korrigiere לריבי), ודין (2 Kön. 7, 6).

Mit ושאר דין סימניהון „und von den übrigen sind dies die Stichworte“ eröffnet dann Jakob ben Chajjim die Einzelaufzählung der übrigen אדני. 124 Schriftstellen (Dan. 9, 19 ist dabei in 2 Stellen gespalten) werden genannt, welche mit den zu Anfang von der Aufzählung ausgeschlossenen 7 לאדני und 3 ואדני 134 (mit 137 אדני) ergeben, sodass es scheint, als habe Jakob ben Chajjim nicht die Gottesnamen, sondern die Schriftstellen gezählt. Dabei sind aber fehlerhafter Weise die 3 zuerst ausgeschlossenen ואדני stillschweigend in die Liste wieder aufgenommen. Streicht man sie, so bleiben 121 Stellen mit 124 אדני, welche dann mit jenen 7 לאדני und 3 ואדני richtig 134 אדני an 131, oder besser, da Dan. 9, 19 nicht doppelt zu rechnen, 130 Stellen ergeben.

In Bezug auf Dan. 9, 19 bemerkt Jakob ben Chajjim, dass nach der einen Lesart für diese Stelle nur 2 אדני, nach der anderen 3 vorgeschrieben seien. Folgt man der ersteren Angabe, so müsste die Zahl 134 von der Masora anderweitig ergänzt worden sein, und dafür liesse sich mit Frensdorff (s. oben S. 15) Ps. 130, 7 empfehlen. Aber wahrscheinlich handelt es sich nur um die Nachlässigkeit eines Schreibers. Denn nicht nur lehrt die handschriftliche Masora finalis in Codex Erfurt. I nach Herrn S. Baer's freundlicher Mitteilung für Dan. 9, 19 drei אדני, sondern ebenso findet es sich in der aus Handschriften gesammelten Masora Ginsburgs. Die Masora parva zur Stelle mit ihrer Notiz י״א כתיבין כן בספרא bestätigt es, da diese 11 nur bei 3 אדני in 9, 19 vollzählig werden. Vgl. auch Baer-Delitzsch, Daniel, Esra, Nehemia, S. 82.

Folgende Liste der 134 אדני, welche der sicherlich genaueste Masorakenner unserer Zeit, Herr Dr. S. Baer in Biebrich, mir mitzuteilen die Güte hatte, vermeidet die sachlichen und formalen Inkorrektheiten in der Aufstellung Jakob ben Chajjim's. Die 7 לאדני und 3 ואדני sind in dieselbe aufgenommen. Sie beruht hauptsächlich auf Cod. Erfurt. I (jetzt in der kgl. Bibliothek in Berlin) und Cod. Margolis (s. Baer-Delitzsch, Daniel, Esra, Nehemia, S. III f.).

אֲדֹנָי, קל״ד ודאין, ז׳ מנהון לַאדני וג׳ מנהון וַאדני, וסימניהין:

1 ויאמר אדני אם נא מצאתי (1 M. 18, 3).
2 ויען אברהם ויאמר הנה נא הואלתי (18, 27).
3 ויאמר אל נא יחר דשלשים (18, 30).
4 הנה נא הואלתי דעשרים (18, 31).
5 ויאמר אל נא יחר דעשרה (18, 32).
6 ויאמר לוט אליהם אל נא אדני (19, 18).
7 ואבימלך לא קרב אליה (20, 4).
8 ויאמר משה אל יי בי אדני, תנינא דפסוק (2 M. 4, 10).
9 ויאמר בי אדני שלח נא (4, 13).
10 וישב משה אל יי ויאמר אדני למה, תנינא דפסוק (5, 22).
11 תביאמו ותטעמו תנינא דפסוק (15, 17).
12 } ויאמר אם נא מצאתי חן בעיניך, ב׳ בפסוק
13 } (34, 9).
14 ועתה יגדל נא כח אדני (4 M. 14, 17).
15 בי אדני מה אמר אחרי (Jos. 7, 8).
16 ויאמר אליו בי אדני במה (Richt. 6, 15).
17 ויעתר מנוח אל יי ויאמר בי אדוני, תנינא דפסוק (13, 8).
18 וייטב הדבר בעיני אדני כי (1 Kön. 3, 10).
19 וייקץ שלמה והנה חלום (3. 15).
20 ויקבץ מלך ישראל את הנביאים (22, 6).
21 ואדני השמיע את מחנה (2 Kön. 7, 6).

22 ביד מלאכיך חרפת דמלכים (19, 23).
23 ושפח אדני קדקד בנות (Jes. 3, 17).
24 ביום ההוא יסיר אדני (3, 18).
25 אם רחץ אדני את צואת (4, 4).
26 בשנת מות המלך עזיהו (6, 1).
27 ואשמע את קול אדני (6, 8).
28 ואמר עד מתי אדני (6, 11).
29 לכן יתן אדני הוא לכם (7, 14).
30 ביום ההוא יגלח אדני (7, 20).
31 ולכן הנה אדני מעלה (8, 7).
32 דבר שלח אדני ביעקב (9, 7).
33 על כן על בחוריו (9, 16).
34 והיה כי יבצע אדני (10, 12).
35 והיה ביום ההוא יוסיף (11, 11).
36 כי כה אמר אלי אדני לך העמד (21, 6).
37 ויקרא אריה על מצפה (21, 8).
38 כי כה אמר אדני אלי בעוד (21, 16).
39 הנה חזק ואמיץ לאדני (28, 2).
40 ויאמר אדני יען כי נגש העם (29, 13).
41 ונתן לכם אדני לחם (30, 20).
42 ביד עבדיך חרפת (37, 24).
43 כסוס עגור כן אצפצף (38, 14).
44 אדני עליהם יחיו (38, 16).
45 ותאמר ציון עזבני, תנינא דפסוק (49, 14).
46 ואמרתם לא יתכן דרך (Ezech. 18, 25).
47 ואמרו בית ישראל לא יתכן (18, 29).
48 כה אמר אדני אמר חרב חרב הוחדה
(21, 14).
49 ואמרו בני עמך לא יתכן (33, 17).
50 ואמרתם לא יתכן דרך אדני איש (33, 20).
51 בכל רחבות מספד ובכל חוצות יאמרו,
תנינא דפסוק (Amos 5, 16).
52 והנה אדני נצב על חומת אנך (7, 7).
53 ויאמר יי אלי מה אתה ראה עמוס, תנינא
דפסוק (7, 8).
54 ראיתי את אדני נצב על המזבח (9, 1).
55 שמעו עמים כלם הקשיבי, תנינא דפסוק
(Micha 1, 2).
56 הנה אדני יורשנה (Sachar 9, 4).
57 ואתם מחללים אותו (Mal. 1, 12).
58 וארור נוכל ויש בעדרו (1, 14).
59 יושב בשמים ישחק (Ps. 2, 4).
60 אמרת לייי אדני אתה, תנינא דפסוק (16, 2).
61 זרע יעבדנו יספר לאדני (22, 31).
62 אליך יי אקרא, תנינא דפסוק (30, 9).

63 אדני כמה תראה (35, 17).
64 ראיתה יי אל תחרש, תנינא דפסוק (35, 22).
65 העירה והקיצה למשפטי (35, 23).
66 אדני ישחק לו כי ראה (37, 13).
67 אדני נגדך כל תאותי (38, 10).
68 כי לך יי הוחלתי, תנינא דפסוק (38, 16).
69 חושה לעזרתי אדני (38, 23).
70 ועתה מה קויתי אדני (39, 8).
71 ואני עני ואביון אדני יחשב (40, 18).
72 עורה למה תישן אדני (44, 24).
73 אדני שפתי תפתח (51, 17).
74 הנה אלהים עזר לי אדני (54, 6).
75 בלע אדני פלג לשונם (55, 10).
76 אודך בעמים אדני, קדמא (57, 10).
77 אל תהרגם פן ישכחו (59, 12).
78 ולך אדני חסד כי אתה (62, 13).
79 און אם ראיתי בלבי (66, 18).
80 אדני יתן אמר המבשרות (68, 12).
81 רכב אלהים רבתים (68, 18).
82 ברוך אדני יום יום (68, 20).
83 אמר אדני מבשן (68, 23).
84 במקהלות ברכו אלהים (68, 27).
85 ממלכות הארץ שירו (68, 33).
86 כחלום מהקיץ אדני (73, 20).
87 ביום צרתי אדני דרשתי (77, 3).
88 הלעולמים יזנח (77, 8).
89 ויקץ כישן אדני (78, 65).
90 והשב לשכנינו שבעתים (79, 12).
91 חנני אדני כי אליך אקרא (86, 3).
92 שמח נפש עבדך (86, 4).
93 כי אתה אדני טוב וסלח (86, 5).
94 אין כמוך באלהים אדני (86, 8).
95 כל גוים אשר עשית יבאו (86, 9).
96 אודך אדני אלהי בכל לבבי (86, 12).
97 ואתה אדני אל רחום וחנון (86, 15).
98 איה חסדיך הראשונים (89, 50).
99 זכר אדני חרפת עבדיך (89, 51).
100 תפלה למשה (90, 1).
101 ויהי נעם אדני (90, 17).
102 אדני על ימינך מחץ (110, 5).
103 אדני שמעה בקולי (130, 2).
104 אם עונות תשמר (130, 3).
105 נפשי לאדני משמרים לבקר (130, 6).
106 ויאמר לאדם הן יראת (Hiob 28, 28).
107 ויתן אדני בידו את יהויקים (Daniel 1, 2).

108 ואתנה את פני אל אדני (9, 3).
109 ואתפללה אל אדני אלהי ואתודה (9, 4).
110 לך אדני הצדקה (9, 7).
111 לאדני אלהינו הרחמים (9, 9).
112 ועתה אדני אלהינו אשר הוצאת (9, 15).
113 אדני ככל צדקתיך (9, 16).
114 ועתה שמע אלהינו אל תפלת (9, 17).
115 116 117 אדני שמעה אדני סלחה אדני הקשיבה, ג׳ בפסוק (9, 19).
118 ועתה נכרת ברית לאלהינו (Esra 10, 3).
119 אנא אדני תהי נא אזנך קשבת, תנינא דספרא (Neh. 1, 11).
120 וארא ואקום ואמה (4, 8).
121 נשקד על פשעי בידו (Klagel. 1, 14).
122 123 סלה כל אבירי, ב׳ בו (1, 15).
124 איכה יעיב באפו (2, 1).
125 בלע אדני ולא חמל (2, 2).
126 היה אדני כאויב (2, 5).
127 זנח אדני מזבחו, קדמא דפסוק (2, 7).
128 צעק לבם אל אדני (2, 18).
129 קומי רני בלילה (2, 19).
130 ראה יי והביטה, תנינא דפסוק (2, 20).
131 כי לא יזנח לעולם אדני (3, 31).
132 לעות אדם בריבו (3, 36).
133 מי זה אמר ותהי (3, 37).
134 רבת אדני ריבי נפשי (3, 58).

Nach der mitgeteilten Liste ist, abgesehen von den von S. Baer in seinen Textausgaben schon vollzogenen Korrekturen (in Ezech. 21, 14, Mal. 1, 12 und Daniel 9, 8), das in den jetzigen Ausgaben des hebr. Alten Testaments übliche יהוה in 1 Kön. 3, 15 in אדני zu verwandeln. So findet es sich im Text der rabbinischen Bibel von 1517 und in der Ausgabe des hebr. Alten Testaments von J. H. Michaelis (Halle 1720), wo bemerkt wird, dass es ebenso in Cod. Erfurt. I, II, III stehe. Auch Norzi recipiert אדני und beruft sich in Minchath Schaj auf das Zeugnis einiger Handschriften.

2. Es folgen nun die masoretischen Angaben für אדני יהוה und יהוה אדני, ebenfalls nach dem von Herrn S. Baer mir mitgeteilten Texte. Der Text Jakob ben Chajjim's in seiner Masora finalis ist auch an dieser Stelle in irreführender Weise verstümmelt. Das masoretische Gesetz (vgl. oben S. 31) lautet kurz: „In Pentateuch und Hagiographen heisst es immer יהוה אלהים, nur 8 mal אדני יהוה; in den Propheten immer אדני יהוה, nur 5 mal יהוה אלהים; sonst überhaupt 5 mal יהוה אדני." Bei der Liste der 134 אדני war das Bestreben, geschriebenes und bloss gelesenes אדני von einander abzugränzen. Hier soll einer Verwechselung von geschriebenem und bloss gelesenem אדני אלהים vorgebeugt werden. An einer Vorbeugung gegen die Vertauschung von יהוה und אדני יהוה bei den Propheten fehlt es.

וכל אֲדֹנָי יֱהֹוִה[1] דנביאים דכוותה אֲדֹנָי, בר מן ה׳ דכתיבין יְהוָֹה אֱלֹהִים, וסמן:[2]

1 על כן גדלת יי אלהים כי אין כמוך (2 Sam. 7, 22).
2 ועתה יי אלהים הדבר אשר דברת על עבדך (7, 25).
3 ועתה יי אלהינו הושיענו נא דמלכים (2 Kön. 19, 19).
4 ויי אלהים אמת הוא אלהים (Jerem. 10, 10).
5 וימן יי אלהים קיקיון דיונה (Jona 4, 6).

וכל אוריתא וכתובים דכוותה יְהוָֹה אֱלֹהִים, בר מן ח׳ דכתיבין אֲדֹנָי יֱהֹוִה, וסמן:[3]

1 אדני יהוה מה תתן לי (1 M. 15, 2).
2 במה אדע כי אירשנה (15, 8).
3 אתה החלות להראות את (5 M. 3, 24).
4 אל תשחת עמך ונחלתך (9, 26).
5 אל יבשו בי קויך אדני ה׳ (Ps. 69, 7).
6 כי אתה תקותי אדני ה׳ (71, 5).
7 אבא בגבורות אדני ה׳ (71, 16).
8 ואני קרבת אלהים לי טוב (73, 28).

וה׳ כתיבין יֱהֹוִה אֲדֹנָי, וסמן:[4]

1 ה׳ אדני חילי (Habak. 3, 19).
2 האל לנו אל למושעות (Ps. 68, 21).
3 ועתה ה׳ אדני עשה (109, 21).
4 ה׳ אדני עז ישועתי סכתה (140, 8).
5 כי אליך ה׳ אדני עיני בכה חסיתי (141, 8).

3. Zwischen den palästinischen (בני מערבאי) und babylonischen (בני מדנחאי) Masoreten bestehen folgende Differenzen.

Zu Jesaja 38, 14 befindet sich (nach Baer's Mitteilung in Baer-Delitzsch, Jesaja, S. 89) in dem Codex Heidenheim's die masoretische Bemerkung: כן בבבלי וס״א ידוד, was Baer übersetzt: „sic (אדני) scribendum, in babylonico aliisque Codd. exstat יהוה.“ Wenn diese Übersetzung richtig ist, was mir mit Strack nicht für ausgemacht gilt, so hätten die Babylonier an dieser Stelle יהוה statt אדני gelesen. Der von Strack edierte Codex Babylonicus Petropol. und seine Masora zu Jes, 11, 11 hat aber אדני.

Dagegen ist von Baer in seiner Liste der חלופין zu Jesaja nicht aufgeführt, dass der genannte Codex Jesaja 28, 2 ליהוה hat statt des לאדני der palästinischen Masoreten. In der Masora marginalis hat Codex Babyl. zu Jes. 11, 11 die Bemerkung:

---

[1] Die Masora Baer's schreibt hier überall das gesprochene אלהים für das geschriebene יהוה, unter der Voraussetzung, dass אדני אלהים als im Texte nicht existierend allgemein bekannt ist. ‖ [2] Vgl. Masora marginalis zu 2 K. 19, 19, wo aber die von Jakob ben Chajjim in Masora finalis für jene Stelle versprochene Einzelaufzählung fehlt. ‖ [3] Vgl. Masora marginalis zu 1 M. 15, 2 und Ps. 69, 7. ‖ [4] Vgl. Masora marginalis zu Ps. 140, 8.

אדני דכת׳ באלף ל״ד בנב׳ „Adonaj, das 34 mal in den Propheten mit Aleph [d. h. אדני, und nicht mit Jod, d. h. יהוה] geschrieben wird.“ Darauf folgt die Aufzählung der Stichworte aller 34 Stellen, welche mit der bei den Palästinern üblichen Masora stimmt, nur dass 2 Stellen fehlen, nämlich ausser Jes. 28, 2 auch Mal. 1, 14, was Strack in seiner Adnotatio critica zu Jes. 11, 11 übersehen hat. Seltsamer Weise hat Cod. Babyl. Mal. 1, 14 im Texte richtig לאדני, was die Masora parva ebenda als eines der 7 לאדני bezeichnet, ohne weitere Aufzählung derselben. Es besteht also zwischen der Masora dieses Codex und seinem Texte hier kein Zwiespalt, wenn man annimmt, dass zu Jes. 11, 11 die Stellen mit לאדני nicht mit aufgezählt werden sollten, während man ואדני (Jes. 49, 14) einrechnete. Welchen Wert die Randnote des Cod. Reuchl. No. 55 hat, wonach Mal. 1, 14 ליהוה babylonische Lesart wäre (s. Baer, Quinque Volumina, S. VI), muss dahingestellt bleiben.

Ezechiel 21, 14 hat der Petersburger Prophetenkodex אדני יהוה statt des אדני der palästinischen Masora. Trotzdem führt die Masora dieses Codex diese Stelle unter den 34 אדני der Propheten mit auf, setzt also voraus, dass hier nicht אדני יהוה, sondern אדני geschrieben werde. Ez. 21, 14 wird also nicht mit Baer, Liber Ezechielis, S. 110 unter die חלופין zu rechnen sein.

Daniel 9, 9 lesen nach dem Zeugnisse der Masora zum Petersburger Codex vom J. 1010 (s. Baer in Quinque Volumina, S. VI) die Babylonier ליהוה für לאדני.

Dagegen haben die Palästiner Klagel. 5, 21 יהוה, während die Babylonier אדני lesen. Dies ist die einzige Variante für אדני bez יהוה, welche Jakob ben Chajjim in seiner Liste der חלופין mitteilt.

Nach dem Obigen — wenn Jes. 38, 14, Ezech. 21, 14 und Mal. 1, 14 als zweifelhaft zu streichen — haben die babylonischen Masoreten an 2 Stellen (Jes. 28, 2 und Dan. 9, 9) ליהוה für לאדני, nur an einer aber (Klagel. 5, 21) אדני für יהוה. Wie sie die auch ihnen feststehende Zahl der 134 אדני ergänzten, ist bisher unbekannt.

4. An den Schluss setzen wir unsre Übersicht der Verteilung von אדני, אדני יהוה und יהוה אדני.

Pentateuch	14 אדני,		4 אדני יהוה,		— יהוה אדני.	
Josua	1	-	1	-	—	-
Richter	2	-	2	-	—	-
Samuelsbuch	—	-	6	-	—	-
Königsbuch	5	-	2	-	—	-
Chronik	—	-	—	-	—	-
Esra-Nehemia	3	-	—	-	—	-
Jesaja	23	-	25	-	—	-
Jeremia	—	-	14	-	—	-
Ezechiel	5	-	227	-	—	-
Daniel	11	-	—	-	—	-
Amos	4	-	21	-	—	-
Übrige kl. Propheten	4	-	4	-	1	-
Psalmen	47[1]	-	4	-	4	-
Sprüche	—	-	—	-	—	-
Hiob	1	-	—	-	—	-
Klagelieder	14	-	—	-	—	-
Übrige Megilloth	—	-	—	-	—	-
Zusammen	134 אדני,		310 אדני יהוה,		5 יהוה אדני.	

[1] Weshalb Baer (s. oben S. 15) in den Psalmen nur 45 אדני zählt, ist mir unbekannt. Seine eigene Liste enthält 47. Jene Masora zu Ps. 51, 17 hat vielleicht die 2 לאדני in den Psalmen nicht mitgezählt.

Printed by Books on Demand GmbH, Norderstedt / Germany